LO QUE OTROS DICEN SOBRE 8 PASOS PARA ALCANZAR TU DESTINO...

Samuel Chand es un líder de líderes. Sus agudas ideas y su vasta experiencia en el liderazgo le han preparado bien para dar recursos al reino. Su pasión natural por el desarrollo de liderazgo es un gran regalo que comparte con entusiasmo con líderes y líderes en desarrollo.

—*Dr. John C. Maxwell*
Fundador de *The John Maxwell Company y EQUIP*

Este magnífico libro de mi amigo, el Dr. Sam Chand, le dará una comprensión práctica del dolor, la presión y su potencial. Lea este libro para que su perspectiva sea transformada para siempre.

—*John Bevere*
Autor de éxitos de ventas
Fundador, *Messenger International*

Las perspectivas de Sam Chand ayudarán a cualquier líder a afrontar exitosamente los retos inevitables que todos los líderes deben afrontar. Sam es un comunicador brillante, y este libro es lectura obligada para cualquiera que quiera llegar a ser un líder más fuerte, más sabio y más compasivo.

—*Jentezen Franklin*
Pastor principal, *Free Chapel*
Autor del éxito de ventas del *New York Times, El Ayuno*

El Dr. Chand ha sido uno de los mentores más valiosos en mi vida y ministerio. Tiene un carácter tremendo, una valiosa perspectiva del liderazgo, un sentido del humor contagioso, y un corazón de pastor. Ha sido mi mentor y me ha hecho ser un líder espiritual mucho más fuerte.

Pastor Craig Groeschel
Lifechurch.tv
Edmond, OK

Dados los muchos líderes que están implosionando justamente delante de nuestros ojos, ¡esta es una discusión oportuna de una fuente capaz! Es mi oración que piense con profundidad en los pensamientos del Dr. Chand, ¡sea usted líder o sirva a uno!

Obispo T.D. Jakes, Sr.
Autor de éxitos de ventas del *New York Times*
Pastor, *The Potter's House of Dallas*, Inc., Dallas, TX

8 PASOS PARA ALCANZAR TU DESTINO

SAMUEL R. CHAND

8
PASOS PARA ALCANZAR TU DESTINO

LIDERA TU VIDA CON PROPÓSITO

WHITAKER HOUSE

A menos que se indique lo contrario, las citas de la Escritura son tomadas de la *Santa Biblia, Nueva Versión Internacional*®, nvi®, © 1999 por la Sociedad Bíblica Internacional. Usadas con permiso. Todos los derechos reservados. Las citas de la Escritura marcadas (RVR1960) son tomadas de *La Santa Biblia, versión Reina Valera 1960* (RVR) © 1960 Sociedades Bíblicas en América Latina; © renovado 1988 Sociedades Bíblicas Unidas. Usadas con permiso. Todos los derechos reservados. Las citas de la Escritura marcadas (TLB) son tomadas de *The Living Bible*, © 1971. Usadas con permiso de Tyndale House Publishers, Inc., Wheaton, Illinois 60189. Todos los derechos reservados. Traducidas por Belmonte Traductores.

Textos en cursivas y negritas son énfasis del autor.

Traducido por:
Belmonte Traductores
Manuel de Falla, 2
28300 Aranjuez
Madrid, ESPAÑA
www.belmontetraductores.com

Editado por: Ofelia Pérez

8 Pasos para Alcanzar tu Destino
Lidera Tu Vida con Propósito
ISBN: 978-1-62911-758-4
Ebook ISBN: 978-1-62911-759-1
Impreso en los Estados Unidos de América
©2016 Samuel R. Chand
www.samchand.com

Publicado originalmente en inglés bajo el título
Laddershifts

Whitaker House
1030 Hunt Valley Circle
New Kensington, PA 15068
www.whitakerhouseespanol.com

Por favor envíe sugerencias sobre este libro a: comentarios@whitakerhouse.com. Ninguna parte de este libro puede ser reproducida o transmitida de ninguna manera o por ningún medio, electrónico o mecánico –fotocopiado, grabado, o por ningún sistema de almacenamiento y recuperación (o reproducción) de información– sin permiso por escrito de la casa editorial. Por favor para cualquier pregunta dirigirse a: permissionseditor@whitakerhouse.com.

RECONOCIMIENTOS

Nunca "alcanzarás tu destino" por ti mismo. Mi esposa, Brenda, me ha ayudado en cada paso. Gracias por ser la que mejor sostiene mi escalera. Gracias por creer en mí.

CONTENIDO

Introducción: Cambios estratégicos	11
1: Nuevas personas	21
2: Nuevos padecimientos	47
3: Nuevos paisajes	67
4: Nuevas perspectivas	85
5: Nuevas prioridades	107
6: Nuevas pasiones	125
7: Nueva preparación	143
8: Nuevas posibilidades	161
Acerca del Autor	174

INTRODUCCIÓN

CAMBIOS ESTRATÉGICOS

Al haber trabajado con líderes de empresas, iglesias y organizaciones sin fines de lucro, he tenido el privilegio de ver a líderes destacados que han instituido cambios muy valientes, y han sido testigos de un notable crecimiento. Sin embargo, también he observado a algunos líderes que parecían totalmente satisfechos con el estatus quo. A pesar de haber hablado hasta la saciedad sobre alcanzar metas más altas y cambiar más vidas, encontraron excusas para seguir atascados en viejos patrones de pensamiento, percepción y liderazgo. Para progresar, los líderes tienen que hacer cambios estratégicos en sus actitudes y su conducta.

DOS RETOS

Todos los líderes afrontan dos grandes retos: *responder* al cambio que les rodea e *iniciar* el cambio en sus organizaciones. Ambos retos son circunstancias cambiantes para un líder, y ambos exigen que el líder dé pasos para ser más eficaz.

DOS ERRORES

Los líderes tienden a cometer dos tipos de errores: *no dar los pasos necesarios, y dar pasos sin sabiduría y paciencia.* Algunos líderes se quedan paralizados ante la amenaza del cambio. Puede que entiendan que el cambio es necesario, pero la crítica o el riesgo de fallar les inmoviliza. Otros líderes tienen la respuesta opuesta: actúan impulsivamente, sin una planificación adecuada, sin consultar a otros ni considerar las consecuencias de sus acciones.

DOS TIPOS DE PERSONAS

Todas las organizaciones tienen dos tipos de personas: *el líder* que les proporciona visión, estrategia y esperanza, y *las personas* que implementarán esos planes. ¡Es esencial seleccionar a las personas correctas para implementarlos!

DOS PERSPECTIVAS

Todos los líderes escogen entre dos perspectivas distintas: "*Las viejas maneras son lo suficientemente buenas;* tan solo tenemos que intentarlo con más empeño", y "Tenemos que quitarnos las anteojeras, ver nuevas posibilidades y nuevas estrategias, y *encontrar el valor para dar pasos hacia adelante, sabios y valientes*". La forma en que veamos una oportunidad o un reto marcará la diferencia.

El viejo axioma dice: "Las personas instintivamente se resisten al cambio". Puede que eso sea cierto para la mayoría de las personas, pero no para los verdaderos líderes. Los verdaderos líderes *crean* cambio; buscan oportunidades, encuentran formas nuevas de hacer las cosas, invierten en nuevas tecnologías e inician el cambio, porque saben que el riesgo tiene el potencial inherente de una gran recompensa.

Desde luego, el riesgo también conlleva la posibilidad de fracaso. No estoy defendiendo el riesgo solo por la emoción que supone, sino que estoy recomendando un cuidadoso análisis, una buena planificación, y adquirir los recursos necesarios para que los riesgos ofrezcan la mayor esperanza de recompensa para el líder y para cada persona en la organización.

El tipo de pasos estratégicos que recomiendo en este libro no están reservados para el presidente de las empresas más exitosas, los consejos de dirección de los fondos de protección de *Wall Street*, o los pastores de las iglesias más grandes del país. Estas decisiones son necesarias para todos los líderes: los que están en organizaciones grandes y pequeñas; los que tienen títulos en liderazgo; los que han aprendido con la experiencia; quienes han estado liderando durante décadas; y quienes acaban de empezar. Si mantenemos abiertos nuestros ojos, veremos posibilidades donde en el pasado solo veíamos limitaciones.

OCHO PASOS ESTRATÉGICOS

En este libro veremos ocho opciones distintas, pero muy comunes. El progreso de nuestras organizaciones depende de cómo respondamos a estos retos.

1. Nuevas personas

La gente que nos rodea nos ha ayudado a llegar hasta aquí, y estamos muy agradecidos por sus aportaciones y su amor. Sin embargo, puede que descubramos que quienes nos ayudaron a subir hasta los doscientos en asistencia, o un millón en ventas no son las mismas personas que pueden llevarnos hasta los quinientos o los diez millones. Son personas maravillosas, pero al menos algunas de ellas quizás estén limitadas en su capacidad para crecer, y tengan una visión limitada para el futuro.

Para subir más alto, tenemos que encontrar un calibre más alto de hombres y mujeres que sean más fuertes en las habilidades básicas de liderazgo, que sean mejores comunicadores y destacados visionarios que vean más posibilidades. A medida que identificamos a nuevas personas, y reemplazamos a las que nos han servido de manera tan fiel, nuestra tarea es hacer ese cambio con gracia, honrando a quienes han servido fielmente, y encontrando un lugar donde ellos puedan seguir dedicando sus energías y sus corazones. Después, con nuevas personas a nuestro alrededor podremos subir más alto, hasta que lleguemos al límite de sus habilidades y visión, y encontremos de nuevo a otras personas.

2. Nuevos dolores

Liderar siempre produce dolor, porque el cambio necesario hace que muchas personas se sientan incómodas. Como escribí en *Leadership Pain* [El Dolor del Liderazgo]: "Crecerás solo hasta el umbral de tu dolor". Si tu meta es evitar el dolor, evitarás los desafíos, pero también perderás el crecimiento y las oportunidades de éxito. Si quieres que tú, tu equipo de liderazgo y tu organización se estiren para llegar a la grandeza, necesariamente encontrarás dolorosas muchas decisiones y reacciones. Acostúmbrate a ello; recíbelo porque es tu mejor maestro, y conviértete en un estudiante dispuesto y ferviente de las lecciones del dolor.

3. Nuevos paisajes

A menudo hablamos acerca de "a dónde tienen que ir nuestras organizaciones". El destino, definido por nuestra visión, misión y metas, es un "lugar" donde queremos ir, así como el Parque Nacional de Yellowstone es un lugar donde quizá queramos ir de vacaciones. Para llegar al futuro deseado de nuestra organización tenemos que evaluar nuestro vehículo: nuestras estrategias, plantilla de personal y estructuras. Nos quedamos con lo que nos llevará más lejos, y reemplazamos las partes gastadas o sin usar que nos causan lentitud. Cuando trazamos un nuevo camino hacia un área desconocida de empresa o ministerio, podemos esperar algunas emociones, algunas sorpresas y algunos reveses. ¡Esa es la naturaleza de las aventuras! Para llegar a donde queremos ir necesitamos mucho valor, que es nuestro combustible para el viaje.

4. Nuevas perspectivas

Los líderes son alumnos. Dejamos de crecer (y dejamos de ser líderes eficaces) cuando dejamos de buscar nuevas formas de ver la realidad que nos rodea. Los mejores líderes son lo suficientemente humildes como para saber qué es lo que no saben, y encontrar personas que llenen el vacío en su pensamiento. Leen, escuchan y encuentran un mentor que pueda ayudarles a dar el siguiente paso. Cuando inician el cambio, estos líderes descubren que el camino es duro, las personas que los rodean no pueden continuar a su ritmo, y la tentación de regresar a cuando las cosas eran más fáciles puede parecer seductora. Las nuevas perspectivas inevitablemente producen muchas más dificultades, y el fracaso y el caos son parte de la vida cuando intentamos nuevas formas de pensamiento acerca de la vida y el liderazgo. Los mejores líderes se emocionan con respecto a aprender e innovar, y dan la bienvenida a un buen empujón que les impulse hacia delante.

5. Nuevas prioridades

Los líderes se dan cuenta de que no todo tiene la misma importancia, pero quienes están a medio camino de instituir el cambio se dan cuenta de que tienen que ser implacables a la hora de reestructurar sus prioridades. Las viejas maneras quizás hayan funcionado muy bien para una visión más sencilla y limitada, pero alcanzar mayores alturas precisa un plan nuevo que demandará una inversión de tiempo, personas y otros recursos. Los buenos líderes entienden que no solo necesitan una nueva visión del futuro, sino que también necesitan definir los pasos para alcanzar sus nuevas metas, incluyendo un sistema para monitorear el progreso de su organización. Las nuevas prioridades, entonces, deben ser tanto inspiradoras como prácticas.

6. Nuevas pasiones

En épocas distintas de sus carreras profesionales, los líderes pueden agotarse por la carga excesiva de trabajo, o quizás aburrirse porque el trabajo se haya convertido en algo demasiado familiar y cómodo. Además, las etapas de la vida cambian a medida que envejecemos, y puede que tengamos que iniciar cambios para encontrar nuevas fuentes de fortaleza y gozo. ¡No dejes que lo familiar se convierta en una tumba! Si la vida se vuelve demasiado agotadora o aburrida, haz un cambio. Descubre (o redescubre) la energía y la emoción en tus relaciones más importantes y en tu trabajo. Tómate una vacaciones (y apaga tu teléfono celular la mayor parte del día), inicia un nuevo pasatiempo, escribe un libro, o saca un título en un campo de estudio que te interese. Sea lo que sea, ¡sé una persona que le saca sabor a la vida!

7. Nuevos preparativos

Cuando hacemos cambios estratégicos para poder llegar a nuevos lugares y alcanzar nuevas alturas, nuestros viejos hábitos diarios dejarán de ser adecuados. Tenemos que estudiar la situación con respecto a cómo preparar nuestro cuerpo, mente y corazón, cómo afilar nuestras destrezas, y cómo equipar y motivar a las personas clave que nos rodean. Algunos líderes tienen dones tan fuertes que no se preparan, pero eso solo funciona hasta cierto punto. Para llegar más alto y hacer más, todos necesitamos adquirir nuevas destrezas, y desarrollar mejores hábitos de preparación.

8. Nuevas posibilidades

Los líderes inseguros se sienten amenazados por los retos; reaccionan a la defensiva, intentando controlar a las personas y las situaciones para evitar el fracaso. Los líderes seguros, humildes y sabios son realistas con respecto a los problemas que enfrentan, pero se mantienen llenos de esperanza, y desarrollan un gozo genuino al hacer frente a nuevas posibilidades. De hecho, tienen una cualidad esencial de gran liderazgo: *disposición para el cambio*, la voluntad de aceptar con entusiasmo los riesgos y las oportunidades. En vez de apartarse de los retos, encuentran formas creativas de responder, llevando siempre con ellos a personas en el viaje, y se dan cuenta del increíble recurso de la tecnología moderna para comunicarse con esta generación.

MIRANDO HACIA ADELANTE

Amigo, ya has logrado mucho, pero ¿te das cuenta de que puedes hacer mucho más? Sé que anhelas hacer esos cambios estratégicos y alcanzar esas mayores alturas. ¿Cómo lo sé? ¡Porque estás leyendo este libro!

Al consultar a pastores y líderes empresariales, les he visto hacer cambios que les han impulsado a nuevos niveles de eficacia. Han pagado un precio, pero todos ellos dirían: "¡Ha valido la pena!".

Como líder, tu mayor desafío no es el dinero, la plantilla de personal, los planos de los edificios o las estrategias de mercadeo. El desafío más importante que enfrentas no está "ahí afuera", sino "aquí dentro": en tu percepción y tus actitudes. A medida que leas estos ocho capítulos, y obtengas ideas sobre los obstáculos que puedes vencer en el camino, encontrarás formas nuevas de responder a las situaciones y a las personas que te rodean; implementarás cambios estratégicos y serás más eficaz. De eso se trata el liderazgo: de encontrar el sentido a lo que está ocurriendo en tu entorno, y hacer cambios para que tu organización avance. Según aprendes y creces, podrás ayudar también a otros a aprender y crecer, subirás más alto hacia tu destino, y prepararás a los líderes que te rodean para hacer frente a los desafíos en sus viajes.

No te conformes con el estatus quo. Responde con sabiduría y valor a los cambios en tu cultura, e inicia muchos de tus propios cambios para crear una atmósfera de creatividad, esperanza y emoción en tu organización.

1

NUEVAS PERSONAS

"Mi principal tarea era desarrollar talento. Yo era un jardinero que proporcionaba agua y otros nutrientes a nuestras mejores 750 personas. Por supuesto, también tenía que arrancar algunas malas hierbas".[1] —Jack Welch

Pablo estaba sudando. Su principal cliente le acababa de llamar, pidiéndole terminar un proyecto importante antes de la fecha establecida. Pablo había estado despierto casi toda la noche buscando maneras de cumplir con las fechas límite de su proyecto. Al margen del éxito de su pequeña empresa de *software*, le resultaba cada vez más difícil mantener empleados responsables, y aunque no le faltaban programadores preparados, su ineptitud para cumplir con las fechas límite o incluso llegar a trabajar le había obligado a despedir a varios de ellos. Su personal con más talento se

---

1. Jack Welch citado por Jeffrey E. Garten, "Jack Welch: A Role Model for Today's CEO?" *Bloomberg Business*, 9 de septiembre de 2001, http://www.bloomberg.com/bw/stories/2001-09-09/jack-welch-a-role-model-for-todays-ceo.

sentía frecuentemente seducido por las ofertas de empresas más grandes. Mirando fijamente al teléfono que sonaba, Pablo se preguntaba si podía permitirse contratar a alguien para abordar esos retos de recursos humanos.

El liderazgo está lleno de "problemas con las personas". Ningún líder es inmune a ellos, pues vienen con el territorio. Como Pablo, quizás necesites algunas personas nuevas en tu vida, o quizás te preguntes por qué no estás consiguiendo el apoyo que necesitas de personas que siempre te han ayudado en el pasado. Tal vez te gustaría poder encontrar a alguien que simplemente valide los retos que afrontas, o que te dé algún consejo sabio de su propia experiencia.

> **LAS PERSONAS QUE TE LLEVARON HASTA DONDE ESTÁS AHORA PUEDE QUE NO SEAN LAS MISMAS QUE TE LLEVARÁN A DONDE TIENES QUE IR.**

Todos los líderes necesitan personas nuevas en sus vidas. Las personas que te llevaron hasta donde estás ahora puede que no sean las mismas que te llevarán a donde tienes que ir. El principal oficial financiero (POF) que te llevó de un millón a cinco millones quizás no sea el que te lleve de cinco millones a cincuenta millones. Como líder, tienes que aceptar el hecho de que tu POF tenga sus propios umbrales, sus propias limitaciones, y sus propios problemas que resolver. Tienes que aceptar que su perspectiva puede ser distinta a la tuya.

LAS PERSONAS QUE TE ENCONTRARÁS

Hay muchos tipos de personas con las que los líderes tendrán que trabajar y con las que se encontrarán. Mientras subes por tu escalera profesional, te encontrarás con personas que están donde tú estabas, donde tú estás, y donde estarás o querrías estar.

En particular, hay ocho tipos distintos de personas, y muchas de las dificultades que encontrarás se producirán por no saber cómo tratar los problemas y las situaciones suscitadas por estos distintos grupos de personas. Cuando no sabes cómo conectar y desconectarte de la gente, se producirá dolor. Así que veamos detenidamente estos grupos, ya que conocerlos puede ayudarte a tratarlos adecuadamente. Son...

1. Personas positivas y negativas.
2. Personas a las que has superado.
3. Personas que están atadas a soluciones de ayer.
4. Personas que dicen: "Ese no es mi trabajo".
5. Personas que no pueden avanzar.
6. Personas que te dan una nueva perspectiva.
7. Personas con las que puedes ser transparente.
8. Personas que celebran tu éxito.

Personas positivas y negativas

En primer lugar, te encontrarás con personas positivas, y también con personas negativas. Es fácil reconocer a las personas positivas, pues son las que añaden valor a tu vida. Mientras subes por tu escalera, es importante tener personas positivas a tu alrededor. Todos fuimos creados con una necesidad innata de aprobación, y queremos estar rodeados de personas que añadan valor al estar de acuerdo o en desacuerdo con nosotros. Entiende que el acuerdo no siempre es positivo, y que el desacuerdo no siempre es negativo; por lo tanto, las personas pueden estar en desacuerdo con nosotros, y aun así añadir valor.

Pero hay algunas personas que no estarán de acuerdo con nosotros en absoluto. ¿Qué puedes hacer con respecto a esas personas? ¿Qué estrategia puedes usar con ellas? Una vez oí un comentario muy sabio de un ex presidente de Kenia. Durante nuestra conversación, dijo: "Apaciguar a todos es invitar a los problemas".

Cuando una empresa o una organización crece, te verás a ti mismo apaciguando cada vez a menos gente, pues apaciguar conlleva encontrar el camino del medio, o transigir. Cuanto más viajes por el camino del medio, más mediocridad producirás; la excelencia se encuentra en los márgenes, nunca en el medio. Decir sí a un grupo o persona y no a otra invita a desafíos por ambas partes.

Muchas veces, cuando una persona negativa te da su opinión, esperará que prestes atención a su consejo. Por eso es importante estar alrededor de personas que estén dispuestas a darte ideas, ya sea que estén de acuerdo o en desacuerdo contigo, sin un espíritu demandante. Estas son las personas positivas, las que añadirán valor a tu vida, y te ayudarán a llegar a donde quieres ir.

Personas a las que has superado

En segundo lugar, también debes tratar con personas a las que has superado. Crecer es necesario; es lo que hace que te sigas moviendo. Habrá veces en que estarás muy lejos de los que comenzaron el camino contigo. Quizás haya alguien que fue una parte integral de tu organización, pero que no ha avanzado contigo. Las personas tienen que entender que si no avanzan, tendrán que irse.

Lo mismo puede ocurrir en una iglesia. Quizá comienzas con veinticinco, treinta o incluso cien personas en tu congregación, y a medida que vas añadiendo muchas más personas y amplías a dos o más servicios, puede que descubras que los ancianos, los miembros del consejo u otros líderes que te acompañaron no son los mismos que te llevarán hasta donde tienes que ir. Como líder, tienes que aceptar estos hechos.

Personas que están atadas a las soluciones de ayer

Las personas que están atadas a las soluciones de ayer son otra preocupación. Tratar con la vieja guardia es un asunto con el que todo líder tiene que lidiar. En las primeras etapas de una empresa o una iglesia, los líderes tienden a lanzar a las personas a distintas posiciones. Quizás cuando comenzaste tu iglesia, solo querías a alguien que tocara el teclado, y no te preocupaba el perfil musical de la persona; si sabía leer música y hacer que sonara bien, era apto para dirigir la alabanza. Si tu hijo y tú comenzaron una empresa de jardinería, por ejemplo, quizás no pensaste en contratar a personas con una gran experiencia; solo querían encontrar a alguien que respirara, pudiera ir a trabajar y empujar una segadora, así que quizás contrataron al amigo de tu hijo, que también es tu vecino.

> **TRATAR CON LA VIEJA GUARDIA ES UN ASUNTO CON EL QUE TODO LÍDER TIENE QUE LIDIAR.**

Después de cierta cantidad de crecimiento, los líderes comienzan a refinar su enfoque y buscan más experiencia. Es entonces cuando se dan cuenta de que algunas personas no son las adecuadas. Quizás las personas que has escogido no entienden lo que quieres, no quieren aprender canciones de adoración contemporáneas, o se preguntan qué hay de malo en la forma en que siempre se han hecho las cosas. ¿Qué haces con ellos? Las soluciones de ayer se han convertido en los problemas de hoy.

Y como el joven que contrataste para empujar la segadora es el amigo de tu hijo, tu hijo quizás no está de acuerdo en que le despidas, y puede que a tu vecino tampoco le guste. Las personas se opondrán. Por eso, los problemas que surgen debido a las soluciones de ayer a menudo son complicados.

Personas que dicen: "Ese no es mi trabajo"

Después están las personas que dicen: "Ese no es mi trabajo". Cuando contratas a personas, por lo general se ciñen a las descripciones de trabajo. En niveles altos, uno se preocupa menos por las descripciones de trabajo que por la presencia de tres características esenciales: aptitud, carácter y química.

La aptitud tiene que ver con las destrezas, el entrenamiento y la experiencia requerida para hacer el trabajo. El carácter tiene que ver con la integridad. ¿Qué hacen las personas cuando nadie les está viendo? Los líderes quieren a personas con integridad, en quienes puedan confiar. Por último está la química, la cual, cuando falta, realmente puede producir problemas, y que pregunta: "¿Encaja esta persona?", "¿Se puede llevar bien con otras personas?". Carly Fiorina fue la primera persona externa en dirigir Hewlett-Packard. Cuando ella se fue, muchas personas atribuyeron su marcha a su química con la empresa; ella sencillamente no encajaba en la cultura de HP.

> QUERRÁS QUE LAS PERSONAS SE RESPONSABILICEN DE UNA SITUACIÓN EN LUGAR DE DECIR: "ESE NO ES MI TRABAJO".

Southwest Airlines es un buen ejemplo de los grandes resultados que se pueden lograr cuando los empleados tienen la mezcla perfecta de aptitud, carácter y química. Un hombre preocupado por la capacidad de su anciana madre para hacer trasbordo de vuelos en Tulsa llamó al mostrador de boletos de Southwest Airlines en Dallas, desde donde saldría ella. El agente de boletos personalmente se ofreció voluntario para llevar a la mujer al aeropuerto, volar con ella desde Dallas hasta Tulsa después de su turno laboral, y asegurarse de que hiciera la conexión.

Tú querrás personas así: personas que no se ven restringidas por las circunstancias bajo las que son contratadas; querrás que las personas se responsabilicen de una situación en lugar de decir: "Ese no es mi trabajo".

Personas que no pueden avanzar

También tienes que lidiar con personas que no pueden avanzar. Un líder es siempre dinámico, mientras que las organizaciones tienden a ser estáticas. A veces, la visión y el movimiento del líder no reflejan la visión y el movimiento de la organización, y llamamos a esa tensión una falta de congruencia o alineamiento empresarial.

TIENES QUE DESCUBRIR QUIÉN VA A HACER EL VIAJE CONTIGO Y QUIÉN NO.

La visión de Carly Fiorina de fusionar HP y Compaq causó mucha tensión empresarial. Tuvo que luchar contra empleados, accionistas e incluso directivos; su visión no estaba sincronizada con la empresa.

Cuando has avanzado y otros no, tienes que descubrir quién va a hacer el viaje contigo y quién no; tienes que pensar hacia dónde vas, y quién puede ayudarte a llegar allí.

Personas que te dan una nueva perspectiva

También es importante que encuentres personas que puedan darte una nueva perspectiva. El tiempo más productivo de un nuevo empleado en cualquier organización, ya sea secular o religiosa, son los tres primeros meses; después de ese periodo, no añade el mismo valor. En los primeros tres meses te dan perspectiva al cuestionar la forma en que haces las cosas. Quizás digan: "¿No acabo de rellenar una hoja que me pedía esta misma información?". Los nuevos empleados ven las redundancias y señalan la ineficacia; encuentran formas más eficaces de hacer las cosas, y con ellas aportan nuevas ideas. Después de tres meses, saben que la supervivencia conlleva tomar el paso, así que su ADN se convierte en el de la organización.

Cuando yo era rector de una universidad, siempre mantenía conversaciones con los nuevos empleados y sus supervisores. Les reunía el primer día, animaba a la nueva persona a hacer preguntas,

> **LAS PERSONAS NUEVAS APORTAN UNA PERSPECTIVA ÚNICA PORQUE VEN LAS COSAS EN OTRO NIVEL.**

y le decía al supervisor que no se sintiera amenazado por las preguntas; le decía que esas preguntas nos ayudarían a reconfigurarnos y reinventarnos, y a hacer mejoras. Las personas nuevas aportan una perspectiva única porque ven las cosas en otro nivel. A menudo serás capaz de reconocer de inmediato a estos agentes de cambio por la perspectiva fresca que ofrecen a tu organización o iglesia.

Personas con las que puedes ser transparente

Es igualmente importante tener personas con quienes puedas ser transparente. A medida que aumentas tu liderazgo, cada vez resulta más difícil encontrar personas con quienes puedas hablar de tus luchas. Como no son asuntos de los que puedes hablar con cualquiera, necesitas algunas personas en tu vida con las que puedas hablar, ser transparente, revelar tus temores, y saber que escucharán tus preocupaciones. Es probable que las personas con las que hablaste hace dos años no sean las mismas personas con quienes tendrás conversaciones en años venideros.

¿Por qué es tan difícil encontrar personas con quienes hablar? Porque los riesgos son más altos. Cuando tu empresa de jardinería estaba formada solo por dos hombres y un camión, podías hablar de cualquier cosa mientras conducías por la carretera. Pero cuando tienes diez camiones y cien empleados, no vas a hablar con cualquiera de la maquinaria que vas a comprar, los planes que tienes para posicionar tu empresa, o a quién vas a despedir.

Hay pocas personas que entienden la realidad de tu posición. Puedes encontrar muchas personas en quienes confiar cuando estás al nivel de dos hombres y un camión, pero menos cuando la organización crece. Realmente se puede estar muy solo en lo más alto, pero no tiene que ser así.

Personas que celebran tu éxito

También deberías encontrar personas que celebren tus éxitos. Las Escrituras nos dicen que lloremos con los que lloran y nos riamos con los que ríen (Ver Romanos 12:15). Por desgracia, a la gente le resulta más fácil llorar con los que lloran que reír con los que ríen.

Digamos que tu amigo y tú comienzan cada uno su organización a la vez. Tu organización despega, pero la suya lucha por conseguirlo y, como resultado, quizás sea muy difícil para él celebrar y alegrarse contigo.

Tú querrás personas que digan: "¡Oye! ¡Me alegro de que te vaya bien!". Querrás personas que puedan ser el viento debajo de tus alas, que te animen en el trayecto, que no se pongan celosas ni envidiosas, que no se desentiendan de ti porque te va bien. Querrás personas que te ayuden a celebrar tu viaje.

Principios sobre las personas

Todo líder se siente tentado a ignorar o a despedir a un tipo particular de persona. Soñamos con lo mucho más fácil que sería la vida sin tal o cual persona, o lo mejor que irían las cosas si pudiésemos clonar a alguien que está lleno de nuevas ideas y siempre animando.

Pero el hecho es que necesitamos distintos tipos de personas en nuestra vida; en vez de evitar a las personas complicadas, los líderes deben enfocarse en ellas. Jack Welch entendió la importancia de nuestro trato con las personas, y eso le ayudó a transformar la aburrida General Electric en una empresa global altamente competitiva y multimillonaria. Jack Welch, que ha sido considerado como uno de los líderes empresariales más grandes de este siglo, dijo que empleaba el

50 por ciento de su tiempo en problemas con personas. ¡Eso es tomarse a las personas en serio!

La revista *Businessweek* informó que Welch les dijo a sus altos directivos que ellos debían estar orgullosos de todo aquel que estaba bajo su supervisión; si no estaban orgullosos de su personal, no estarían poniéndose a sí mismos en disposición de ganar. Y Welch estableció el ejemplo a seguir para sus líderes. Enviaba notas manuscritas a los trabajadores de producción; se disculpó con la esposa de un ejecutivo por mantenerlo ocupado con una presentación importante; elogió a uno de sus ejecutivos que rechazó un ascenso que hubiera exigido que su hija adolescente tuviera que cambiarse de escuela. En muchas empresas, rechazar un ascenso es lo que se llama un movimiento "que limita la carrera", pero Jack Welch llamó a ese director y lo elogió por mantener en orden sus prioridades.[2]

> **LA FORMA EN QUE CRECE UNA ORGANIZACIÓN ES HACIENDO CRECER A SU PERSONAL.**

Jack Welch sabía que la forma en que crece una organización es haciendo crecer a su personal. Demasiados líderes piensan que la mejor manera de hacer crecer una empresa es desarrollar un producto innovador, o un servicio que anule a toda la competencia. Intentamos convencernos de que la mejor forma de hacer crecer una congregación es teniendo programas atractivos, servicios inspiradores y un edificio magnífico, pero eso

---

2. John A. Byrne, "How Jack Welch Runs GE: A Close-up Look at How America's #1 Manager Runs GE", *BusinessWeek*, 8 de junio de 1998.

no es lo que va a producir crecimiento a largo plazo. Para que tu iglesia u organización crezca, tienes que hacer crecer a tus líderes en número y en profundidad.

El crecimiento se produce al cumplir estos tres "principios sobre las personas":

- Principio 1 sobre las personas: Para hacer crecer tu organización, haz que crezca tu personal. Para crecer como líder, haz que crezcan otros líderes.
- Principio 2 sobre las personas: Rodéate de personas que te desafíen a crecer.
- Principio 3 sobre las personas: Enfócate en el contexto de tu organización, no en su envoltorio.

Principio 1 sobre las personas: Para hacer crecer tu organización, haz que crezca tu personal. Para crecer como líder, haz que crezcan otros líderes.

"Hacer que las personas crezcan" es un proceso muy integral que conlleva ayudarles a desarrollar aptitud, carácter y química.

Para ayudarles a desarrollar aptitud, envíalos a clases, seminarios y talleres que les ayuden a desarrollar su habilidad, para que lleguen a ser un mejor marcador de artículos, un mejor informático o un mejor músico. Sea cual sea su talento, ¡asegúrate de que lo cultive!

Para desarrollar su carácter, presta atención a las decisiones que toman, y asegúrate de que sean éticos; cerciórate de que se equivoquen por el lado de perder negocios en lugar de involucrarse en negocios turbios.

Para desarrollar química, ayúdales a fortalecer el don de gentes, habilidades de liderazgo y habilidades de gestión. Por lo general, las personas no se van de las organizaciones por problemas de aptitud; se van porque no encajan en la cultura, porque o bien no saben cómo, o no quieren desarrollar química con la organización. La mayoría de las personas a las que he tenido que despedir entran en esta categoría.

Hacer que la gente crezca debe ser un esfuerzo integral. Muchas empresas tienen gimnasios incorporados y beneficios de bienestar, pero imagínate que tu empresa organizara un retiro de matrimonios para sus empleados. Si el matrimonio de un empleado es fuerte, ¿no será más productivo? Si una empleada no está distraída con un divorcio, ¿no le prestará toda su atención al trabajo? ¿No es mejor que tu empleado no tenga que trabajar en un segundo empleo para cubrir sus gastos a fin de mes? Hacer crecer a las personas significa cuidar de las muchas facetas de su bienestar. A fin de cuentas, tú querrás que acuda a trabajar cada día la persona completa.

Principio 2 sobre las personas: Rodéate de personas que te desafíen a crecer

Todo el mundo conoce al indeseable "hombre sí". Preocupado solo por proteger su estatus y posición, nunca discrepa de sus líderes. ¿Alguna vez has pensado cómo sería tu vida si estuvieras rodeado de "hombres sí"?.

Si nos rodeamos de personas que son como nosotros, nuestras debilidades nunca serán desafiadas; debemos complementar nuestras debilidades dentro de la organización. John Maxwell dice: "Rodea de personas a tus debilidades". Descubre dónde eres débil, y contrata a personas que tengan fortalezas en esas áreas. La mayoría de los pastores no son buenos con las finanzas; fuimos a estudiar teología, no gestión financiera y, como resultado, no sabemos cómo leer una auditoría o responder a preguntas de contabilidad. Si ese es tu caso, deja de fingir ¡y contrata a alguien que sepa hacerlo!

Cuando tengas que contratar, busca a alguien que sea mejor que tú. Si quieres estar donde estás y hacer movimientos laterales, entonces contrata a personas que sean iguales a ti, pues la gente que es como tú nunca desafiará tu crecimiento. Cuando la Escritura habla de que el hierro se afila con hierro (ver Proverbios 27:17), está hablando de personas que afilarán, o desafiarán, tu pensamiento. Deberías rodearte de personas que piensen en nuevas ideas y desafíen el estatus quo, y dales permiso para hablar honestamente, para que tú crezcas. No tienen que estar de acuerdo en todo. Quizás te vayas diciendo: "Bueno, no nos pusimos de acuerdo, pero seguro que esto me dio algo en qué pensar".

Tienes que ser lo suficientemente seguro para poder permitir que otro llene el área en la que tú eres débil; no finjas que tienes que hacerlo todo tú mismo. La gente insegura contratará a personas que carezcan de aptitud, carácter y carisma, pero los líderes seguros contratarán a personas que destaquen en estos atributos, que puede que sean incluso mejores que ellos mismos. Yo puedo entrar en cualquier iglesia u organización, y saber lo seguro que es el líder solamente observando a las personas. Si el líder ha reunido águilas a su alrededor, sé que él es un águila, pero si ha reunido pavos a su alrededor, por mucho que diga que es un águila, es solamente un pavo.

Es mejor estar solo que mal acompañado. Dime con quién andas y te diré quién eres. Si corres con lobos, aprenderás a aullar. Pero si te asocias con águilas, aprenderás a volar a gran altura. *"El espejo refleja el rostro del hombre, pero lo que es realmente se muestra por el tipo de amigos que escoge"* (Proverbios 27:19 TLB traducción directa). El hecho de la vida, simple pero veraz, es que uno se vuelve como aquellos con los que se asocia íntimamente, para bien y para mal.

Cuanto menos te asocies con algunas personas, más mejorará tu vida; cuando toleras la mediocridad en otros, tú te volverás mediocre. Un atributo importante en las personas de éxito es su impaciencia con el pensamiento negativo y las personas que actúan de forma negativa. A medida que creces, tus asociados cambiarán. Algunos de tus amigos no querrán que avances, sino que te quedes donde ellos están. Los amigos que no te ayudan a subir te harán gatear; tus amigos, o bien estiran tu visión o ahogan tu sueño. Los que no te hacen crecer, finalmente te harán decrecer.

Estos son algunos consejos útiles para evitar estos peligros:

- Nunca recibas consejos de personas improductivas.

- Nunca discutas tus problemas con una persona incapaz de aportar a la solución. No todos tienen derecho a hablar en tu vida, y lo más probable es que consigas el peor trato cuando intercambias ideas con la persona equivocada. A menudo, las personas que no tienen éxito son siempre las primeras en decirte cómo hacer las cosas.

- No sigas a nadie que esté yendo a ningún sitio. Con algunas personas pasas una tarde; con otras la inviertes.

- Ten cuidado con el lugar donde te detienes a pedir direcciones en la carretera de la vida.

> "Sabia es la persona que fortifica su vida con las amistadas correctas". —Anónimo

Principio 3 sobre las personas: Enfócate en el contexto de tu organización, no en su envoltorio

El escritor y experto en negocios Tom Peters dice que tu empresa nunca experimentará una escasez de talento mientras sea un buen lugar para trabajar. Una organización creciente atrae a personas cualificadas, así que no tienen que contratar a personas con fríos currículums. Las organizaciones e iglesias crecientes están llenas de personas que quieren ser parte de ellas.

No son las opciones de compra de acciones, los beneficios marginales o el salario lo que atrae a las personas, ni tampoco es el producto ni el servicio. Lo que atrae a las personas es llegar a ser parte de una organización que va hacia algún sitio, que está haciendo algo, que está cambiando el mundo.

El cofundador de Apple, Steve Jobs, intentó convencer a John Sculley para que dejara su trabajo como vicepresidente de PepsiCo para ser el Principal Oficial Ejecutivo de Apple. Sculley no estaba particularmente interesado en dejar un puesto seguro en Pepsi para dirigir esta nueva empresa. Jobs cambió eso al preguntarle: "¿Quieres pasar el resto de tu vida vendiendo agua azucarada, o quieres la oportunidad de cambiar el mundo?". Ser parte de una empresa que estaba haciendo algo importante es lo que atrajo a John Sculley a Apple.

Herb Kelleher, cofundador y expresidente de Southwest Airlines, dijo que la empresa probablemente tiene veinticinco solicitudes para cada vacante de trabajo que se abre.[3] Eso no es porque la empresa haya sido regularmente rentable, sino porque las personas quieren estar conectadas a una empresa que les haga sentir realizadas y satisfechas en su trabajo.

Además, los empleados de Ritz Carlton están todos empoderados para tomar decisiones para asegurar que los invitados estén satisfechos. Cuando hablas con ellos sobre un problema, no pasan la bola al gerente, sino que de inmediato toman la responsabilidad del problema, lidian con él, y después hacen un seguimiento del mismo. Esa actitud es obvia en su credo: "Somos damas y caballeros que sirven a damas y caballeros".

---

3. Mark Morrison, "Herb Kelleher on the Record, Parte 2", *BusinessWeek*, 23 de diciembre de 2003.

Se trata de valor, respeto y sentido. ¿Por qué a algunas empresas en Silicon Valley no les cuesta atraer a personas a pesar de la escasez de talento en esa área? Es porque las personas quieren estar conectadas con empresas que les valoren, que les den un trabajo importante que hacer, y les traten con respeto.

> LAS PERSONAS QUIEREN ESTAR CONECTADAS CON EMPRESAS QUE LES VALOREN, QUE LES DEN UN TRABAJO IMPORTANTE QUE HACER, Y LES TRATEN CON RESPETO.

EMPRENDER LA ACCIÓN APROPIADA

Como líder, necesitas tener a muchos tipos distintos de personas a tu alrededor, y a menudo surgen los problemas cuando no estás seguro de cómo conectar con ellos y desconectarte de ellos. He descubierto que es útil decidir a quién puedo ayudar a crecer como líder, quién puede crecer junto a mí, y quién puede ayudarme a desarrollar mi propio potencial de liderazgo.

Y como todas las personas son distintas, conectamos con cada una de forma distinta. O bien (1) nos acercamos a los que están por debajo de nosotros, a quienes podemos ayudar; (2) nos acercamos a quienes nos rodean, que están donde nosotros estamos actualmente; o (3) nos estiramos hacia los que están por encima de nosotros, que están donde nosotros queremos estar.

En primer lugar, los líderes son personas que comparten con otros lo que han aprendido, usan su propio crecimiento para ayudar a otros a crecer, y son mentores de otros a propósito. Cuando hacemos que otros crezcan, nosotros también crecemos.

> **CUANDO HACEMOS QUE OTROS CREZCAN, NOSOTROS TAMBIÉN CRECEMOS.**

Un líder hace tres cosas: sabe, hace crecer y muestra. Saber conlleva conseguir información, y al usar la información que adquieres, creces y te desarrollas. Pero eso por sí solo no te hace ser un líder; tienes que enseñar a otro lo que sabes.

Entregar lo que has aprendido parece raro. ¿Por qué debo compartir con otro los secretos que tanto me ha costado aprender? Porque el mejor uso de tu poder es empoderar a otros. Nunca pierdes cuando entregas poder; cuando empoderas a otro, haces un amigo para toda la vida.

Además, nos acercamos a quienes nos rodean, que están donde nosotros estamos actualmente. Si tu empresa y la empresa de tu amigo tienen cien camiones, los dos pueden sentir lástima por sus problemas, y alegrarse por sus éxitos. Durante esa conversación, ambos están aprendiendo de la experiencia del otro. Quizás no se estén añadiendo mucho valor el uno al otro, pero están creando cohesión, camaradería y compañerismo al ser transparentes el uno con el otro.

Por último, nos acercamos a los que están por encima de nosotros, quienes están donde nosotros queremos estar.

Es importante que también consigamos su ayuda. Ponte en lugares donde te reconozcan, y deja que esas personas sepan que te gustaría aprender de su conocimiento y experiencia.

Esta última categoría puede ser en cierto modo dolorosa, y se debe a que quizás tengas que desconectarte de las personas que te llevaron hasta donde estás ahora para conectar con las personas que te pueden hacer avanzar. Si has pasado tiempo con un nuevo grupo de personas, no tendrás tiempo que dedicar a las personas que solías ver. Si tu empresa está creciendo, estarás ocupado conectando con personas que dirigen otras empresas crecientes, y no tendrás tiempo para pasarlo con las personas que dirigen pequeñas empresas.

> NUNCA PIERDES CUANDO ENTREGAS PODER; CUANDO EMPODERAS A OTRO, HACES UN AMIGO PARA TODA LA VIDA.

Desconectarse de las personas es difícil, doloroso y desagradable. Es doloroso porque quizá esas personas realmente te importan y no quieres desconectarte de ellas, pero si no lo haces, no tendrás tiempo para conectar con personas nuevas. También es doloroso darse cuenta de que quizás nunca veamos a estos dos grupos de personas juntos porque sus mundos y realidades son muy distintos, y las personas de las que te desconectas no siempre entenderán por qué. Es doloroso por todos lados, pero recuerda que si no estás dispuesto a soportar esos dolores, tu propio crecimiento como líder se verá limitado. Los líderes crecen solamente hasta el umbral de su dolor.

PUNTOS DE ENSEÑANZA

1. Todos los líderes necesitan nuevas personas en su vida. Las personas que nos llevan hasta donde estamos quizás no serán las mismas que nos llevarán a donde tenemos que ir.

2. Muchas de las dificultades que nos encontramos provienen de no saber cómo tratar problemas y situaciones que plantean los distintos tipos de personas.

3. Encontraremos personas que están de acuerdo, y personas que están en desacuerdo con nosotros. Estar de acuerdo no siempre es positivo, y el desacuerdo no siempre es negativo. Las personas pueden estar en desacuerdo con nosotros, y aun así añadir valor a nuestra iglesia u organización.

4. Tendremos que tratar con personas que hemos superado o que hemos dejado rezagadas.

5. Las personas que están atadas a las soluciones de ayer se pueden convertir en los problemas de hoy.

6. También hay personas que solo se quedarán dentro de los límites de su descripción de trabajo, y no asumirán la responsabilidad por las situaciones.

7. Un líder debe tratar con personas y organizaciones estáticas. Cuando no se están moviendo en sincronía, se produce una falta de congruencia organizativa.

8. Durante sus primeros noventa días de trabajo, los nuevos trabajadores a menudo nos ofrecen nuevas perspectivas, y vierten luz sobre las redundancias y la ineficacia.

9. Según escalamos en el liderazgo, habrá menos personas que entiendan la realidad de nuestra posición. Por eso es importante encontrar personas con quienes poder ser transparentes acerca de nuestros problemas y preocupaciones.

10. También deberíamos rodearnos de personas que puedan celebrar nuestros éxitos sin ponerse celosas o envidiosas.

11. Necesitamos tipos distintos de personas en nuestra vida. Según nos enfocamos en hacer crecer a personas, nuestra organización experimentará crecimiento. Las áreas de crecimiento incluyen aptitud, carácter y química.

12. Debemos rodearnos de personas que nos desafíen. Si contratamos solamente a personas como nosotros, nunca complementaremos nuestras debilidades dentro de la organización.

13. Mientras nuestra organización muestre a los trabajadores que se les valora, dándoles tareas importantes que hacer y tratándolos con respeto, nunca experimentaremos una escasez de talento.

14. Cuando interactuamos con personas, deberíamos:

a. Acercarnos a los que están donde nosotros solíamos estar.

b. Acercarnos a personas que están donde nosotros estamos actualmente.

c. Estirarnos para llegar a aquellos que están donde a nosotros nos gustaría estar.

15. A menos que estemos dispuestos a conectar con nuevas personas y a desconectarnos de otras, nuestro propio crecimiento de liderazgo se verá limitado.

1: NUEVAS PERSONAS

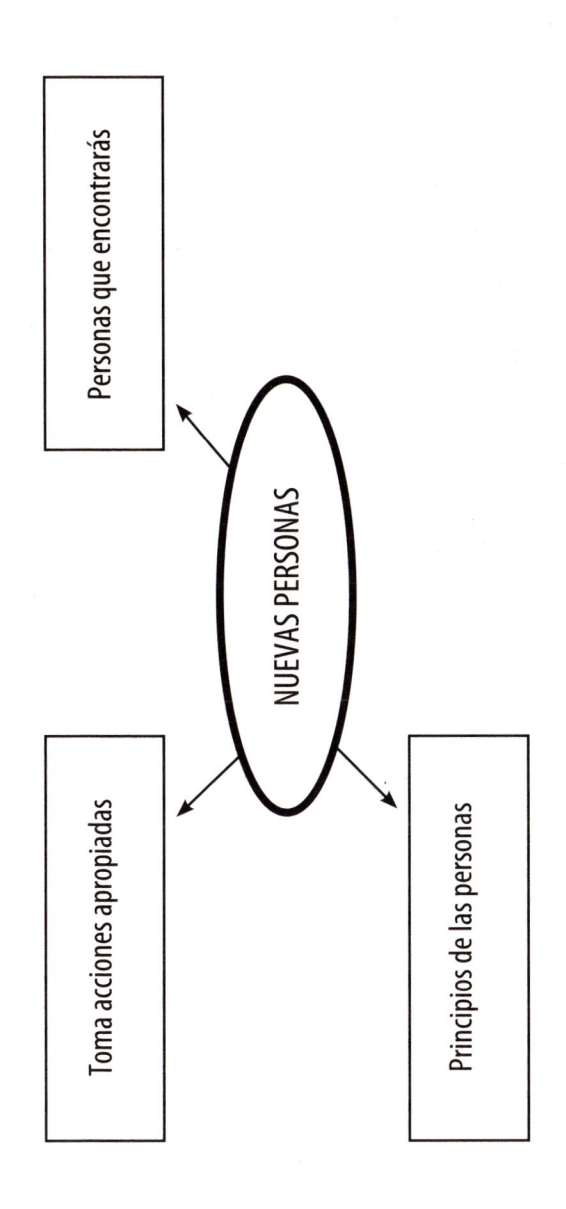

```
                    Personas que encontrarás
                              ↑
                              |
                       NUEVAS PERSONAS
                         ↙         ↘
          Toma acciones apropiadas    Principios de las personas
```

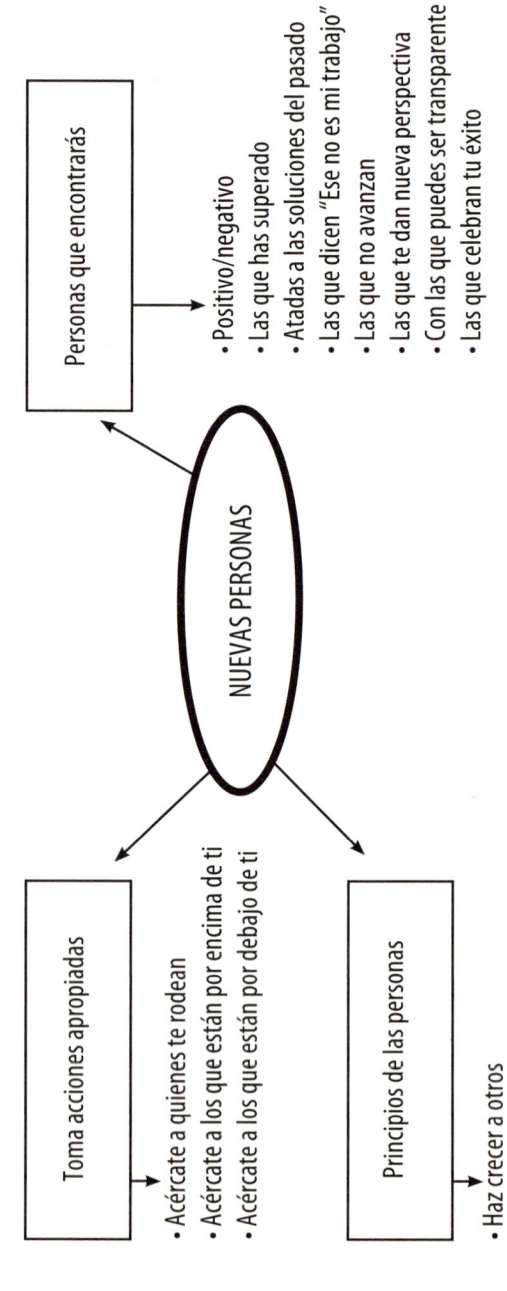

NUEVAS PERSONAS

Personas que encontrarás
- Positivo/negativo
- Las que has superado
- Atadas a las soluciones del pasado
- Las que dicen "Ese no es mi trabajo"
- Las que no avanzan
- Las que te dan nueva perspectiva
- Con las que puedes ser transparente
- Las que celebran tu éxito

Toma acciones apropiadas
- Acércate a quienes te rodean
- Acércate a los que están por encima de ti
- Acércate a los que están por debajo de ti

Principios de las personas
- Haz crecer a otros
- Enfócate en el contexto de tu organización
- Recluta a personas que complementen tus debilidades

2

NUEVOS PADECIMIENTOS

"Dios nos susurra en nuestros deleites, nos habla en nuestra conciencia, pero grita en nuestros dolores: es su megáfono para despertar a un mundo sordo".[4] —C. S. Lewis

Cuando la puerta principal se cerró tras ella, Jill soltó su maletín, encendió la luz del salón, y se dejó caer cansadamente en su sillón favorito. Irse a trabajar cuando aún estaba oscuro, y regresar a casa después de haberse puesto el sol se estaba convirtiendo en una rutina. Con protocolos locales anti-incendio forzando al centro a prohibir la entrada a un creciente número de familias necesitadas, ella continuaba en una batalla cuesta arriba para ampliar las instalaciones, y así poder suplir las necesidades de la comunidad.

Tras otro largo día, se preguntaba si la estrategia de expansión estaba haciendo que el centro diera un paso hacia delante y dos hacia atrás. Tras semanas de frustrante

---

4. C. S. Lewis, *The Problem of Pain* [El problema del dolor].

papeleo e interminables reuniones de dirección, finalmente había puesto la propuesta de subvenciones para los fondos necesarios en manos de quienes tomaban las decisiones en el gobierno, pero ahora esperaba las noticias de las propuestas sin el apoyo tan necesario de su directora adjunta, Ann.

Juntas, Ann y Jill habían recabado los fondos para comenzar el centro, y habían llevado a cabo con mucho entusiasmo sus actividades. Pero casi tan pronto como los nuevos planes de expansión habían comenzado, Ann comenzó a llamar al trabajo diciendo que estaba enferma, y a ser cada vez más crítica con la expansión. Jill finalmente había pedido el cese de Ann después de semanas de dolorosas conversaciones y sus propios debates internos.

Sacando un montón de currículums de su maletín, Jill se preguntaba por qué no había detectado antes las señales del empeoramiento de Ann. Esperaba poder encontrar a alguien que le ayudara a manejar la expansión.

Los líderes de hoy sienten padecimientos, o dolores (como me voy a referir de aquí en adelante) que nunca antes habían sentido. El cambio explosivo está causando algunos de estos dolores; por ejemplo, una organización debe sobrevivir a la rápida innovación tecnológica, perdiendo personas honestas y competentes, y operando en diferentes culturas. Los pastores deben hacer frente a los dolores de tener líderes que no están en su lugar, programas de construcción, membresía creciente o menguante, y abundancia o falta de recursos.

El mayor índice de cambio le da a todo un tiempo de caducidad más corto. No hace mucho, cuando una persona encontraba un empleo, estaba contenta con trabajar allí hasta que se jubilara con un Rolex de oro. Ahora, se calcula que la Generación X cambiará de empleo cada tres o cinco años, mientras que los Mileniales lo harán incluso con mayor frecuencia.[5] Y las personas se mudan de casa con la misma frecuencia con que cambian de trabajo, con lo cual se prevé que el estadounidense promedio viva en 11,7 casas en el 2013.[6]

Sin embargo, el cambio no es la única causa de nuestros dolores. Cuanto más alta sea tu posición, más dolores tendrás que soportar. Si fuiste a la universidad, por ejemplo, probablemente hayas soportado dolores que alguien con un diploma de bachillerato nunca ha tenido. Si eres el alcalde local, tus dolores se producen por tener que dar cuentas, ser analizado y criticado por las personas de tu ciudad. Cuando llegues a ser gobernador, tendrás incluso más dolores, y si pasas de gobernador a presidente, ¡tendrás algunos dolores *graves*!

Muchas personas no buscan los cargos públicos porque no están dispuestas a soportar los dolores de esos cargos. Todos tenemos umbrales de dolor, tanto consciente como inconscientemente, que nos hacen decir: "Eso no merece la pena". Cuando eres el Principal Oficial Ejecutivo, nunca estás "desconectado". Quizás estás fuera de la oficina, pero

---

[5]. Doug y Polly White, "What to Expect from Gen-X y Millennial Employees", *Entrepreneur*, 23 de diciembre de 2014, http://www.entrepreneur.com/article/240556.
[6]. Mona Chalabi, "How Many times Does the Average American Move?" *FiveThirtyEight* 29 de enero de 2015, http://fivethirtyeight.com/Datalab/how-many-times-the-average-person-moves/.

siempre estás activo, y tienes dolores que la mayoría de las personas nunca entenderá.

Piensa en el número de personas que desearían poder ser Bill Gates. No son pocos los que sueñan con ser uno de los hombres más ricos del mundo, o los que imaginan su fotografía en la portada de la revista *Time* como "El hombre del año". No piensan en el precio que pagó Bill Gates o los dolores que soportó; por ejemplo, no se imaginan lo que es estar en su piel durante el juicio antimonopolio de Microsoft. No aspiraron a ser el presidente de Microsoft cuando AOL rechazó su proposición de fusionar empresas, la cual después anunció su asociación con su rival, Google. No se dan cuenta de que Bill Gates se convirtió en hombre del año por su trabajo filantrópico, y no por crear Microsoft. Nunca se han imaginado sus dolores.

> CUANDO ERES EL PRINCIPAL OFICIAL EJECUTIVO, NUNCA ESTÁS "DESCONECTADO".

DOLORES NECESARIOS

Ahora bien, sufrir algunos dolores es algo bastante normal. La Escritura nos dice que no nos sorprendamos ni desmayemos por el *"fuego de prueba"* (1 Pedro 4:12 RVR 1960) que encontremos. Como líderes, deberíamos aceptar ciertos dolores como parte del trabajo; estos llegan con el territorio.

Obviamente, no me estoy refiriendo a los dolores de los delitos o los dolores de las lesiones o la enfermedad; estoy hablando de los dolores que se producen cuando comienzas a cumplir tu visión, que se pueden comparar a los dolores del parto: no son agradables, producen mucha incomodidad y angustia, pero estos dolores parecen relativamente pequeños en el cuadro general, comparados con lo que viene.

> **NUESTRA DISPOSICIÓN A MANEJAR LOS DOLORES DETERMINARÁ EL NIVEL DE LIDERAZGO AL QUE LLEGAREMOS.**

A menudo, los dolores llegan con los esfuerzos concienzudos, y el gran cuidado y diligencia que invertimos en nuestro trabajo. Para crecer como líder, debemos estar dispuestos a aceptarlos. De hecho, nuestra disposición a manejar los dolores determinará el nivel de liderazgo al que llegaremos.

Conozco a algunos grandes predicadores que siempre pastorearán iglesias pequeñas simplemente porque no pueden manejar los problemas y retos que llegarían con iglesias más grandes. Están también otros pastores que terminarán en iglesias más grandes porque son más capaces de manejar los dolores. Puede que no tengan tanto talento como el pastor de la iglesia pequeña, pero tienen un umbral de dolor más alto.

Por ejemplo, si dejas un trabajo de nueve a cinco para comenzar una franquicia de comida rápida, te enfrentarás a todo tipo de dolores nuevos. Trabajar más horas supondrá un reto para tu vida familiar. Si la empresa continúa creciendo, quizás pienses en abrir otra franquicia, lo cual producirá otro nivel de dolor. Algunas personas no considerarían abrir una segunda franquicia; otras no considerarían ni siquiera abrir la primera. Para ellos, no valdría la pena porque sería demasiado doloroso.

VARIEDADES DE DOLOR

La fuerza de una bala te golpea como un mazo, tirándote hacia atrás. Tus ventanas vibran con el retumbar de un trueno distante. Las nubes tormentosas se acercan. Los dolores llegan en muchos niveles. ¿Qué tipos de dolores experimentan los líderes por lo general? En varios momentos, experimentarán:

- *Dolor interno.* Son las balas que llegan cuando lidiamos con varias luchas internas, como conocer nuestras ineptitudes, elevarnos hasta el nivel de nuestra incompetencia, y desconectarnos de personas conocidas.

- *Dolor externo.* Estos dolores son las nubes tormentosas que se aproximan. Tienden a tener causas externas, como cambios culturales, presiones externas y realidades competitivas.

- *Dolor organizativo.* A medida que respondas a las realidades externas, te verás lidiando con conflicto organizativo, y tomando decisiones que conllevan riesgos cada vez más elevados.

Dolor interno

Conocer nuestras ineptitudes. Sucede. A pesar de nuestra mejor investigación y preparación, las cosas no suceden como esperamos. Es fácil comenzar a cuestionar nuestra propia aptitud, misión y juicio, especialmente cuando oímos las altas voces de nuestros críticos. A menudo nos quedamos despiertos, escuchando a nuestro crítico más feroz, que somos nosotros mismos, haciéndonos preguntas en la oscuridad. "¿Por qué no hice esto?", "¿Por qué tomé esa decisión?". Nuestra propia ineptitud produce dolor.

Elevarnos hasta el nivel de nuestra ineptitud. Cada líder tiene su propio techo de cristal, el lugar que no puede traspasar. Finalmente todos llegamos a un techo de cristal, o el nivel de nuestra ineptitud, como quedó descrito en el libro *The Peter Principle* (El Principio de Pedro).

Quizás te estés dando cuenta de que no puedes hacer crecer tu iglesia por encima de las 200 personas. Tienes de media entre 180 y 220 miembros, oscilando arriba y abajo, y a pesar de todo tu esfuerzo, te quedas ahí.

O quizás tu organización está atascada. A pesar de haber investigado nuevos mercados y del lanzamiento de nuevos productos, no puedes avanzar más. Una estrategia de crecimiento parece eludirte. Es un lugar doloroso.

Salir de un nivel doloroso es posible.

Sin embargo, si estamos dispuestos a desafiar a nuestro propio pensamiento, como se describe en el capítulo 4, "Nuevas perspectivas", podemos salir de este estancamiento.

Desconectarte de personas conocidas. Esto siempre es doloroso. Varias veces he tenido que separarme o despedir a personas que me han acompañado en mi viaje. He contratado a muchas personas, y también he despedido a muchas personas. Esto suscita preguntas acerca de la lealtad, el derecho y la amistad; y siempre es doloroso. Me duelo por las personas.

Las separaciones a menudo son realidades inevitables de las empresas. Cuando Delta Airlines se declaró en bancarrota, tuvo que despedir a miles de personas. La empresa no podía seguir haciendo negocio como siempre. Como parte de su restructuración, Ford también redujo miles de empleos. Nunca es una decisión fácil.

> **LAS SEPARACIONES A MENUDO SON REALIDADES INEVITABLES DE LAS EMPRESAS.**

Los pastores también conocen el dolor de la separación. Es particularmente doloroso cuando hay por medio personas buenas y fieles. Como dijo un pastor: "Una mujer fue nuestra primera maestra de escuela dominical. Un hombre ha sido mi diácono y mi organista desde que teníamos veinticinco años. Siempre dieron sacrificialmente y estuvieron a nuestro lado, pero ahora necesitamos a alguien que pueda llevarnos a otro nivel".

Despedir a personas crea todo tipo de dolores, pero hacer esos cambios es frecuentemente un requisito para avanzar. Este dolor es parte del desafío del liderazgo.

Encontrar nuevas personas cualificadas. Una organización creciente necesita nuevas personas con talento, y el reto de encontrar a esas personas produce nuevos dolores. Están los dolores de decidir qué tipo de habilidades, características, certificaciones y formación académica se requieren; después realizar entrevistas para decidir qué persona tiene la mezcla correcta de aptitud, carácter y química que encaje en tu organización; y también está el dolor adicional si estamos ocupando el puesto de alguien que acabamos de despedir.

Incapacidad para expresar realidades internas. Desarrollar una visión puede ser un proceso muy intuitivo y creativo. Mientras la visión se está activando en nuestro corazón y nuestro espíritu, sabemos que está sucediendo algo emocionante. Al principio de ese proceso es difícil sincronizar nuestra mente y nuestras palabras con lo que vemos.

He visto esto muchas veces con líderes, especialmente con pastores. Tienen una idea inspiradora y emocionante con respecto a donde quieren ir, aunque muchas veces les resulta difícil expresarlo; y cuando intentan expresarlo, a veces es vago, general y amorfo, ¡incluso para ellos! Ese es un sitio en el que duele estar.

> ES DIFÍCIL SINCRONIZAR NUESTRA MENTE Y NUESTRAS PALABRAS CON LO QUE VEMOS.

Dolor externo

Normas culturales cambiantes. Las cambiantes normas culturales del presente y el futuro suscitan preguntas con respecto a cómo hacer las cosas. No importa cuán lentamente o rápidamente un paisaje cultural conocido se transforma en una vista marina desconocida, pues sigue creando dolores.

Por ejemplo, la cultura jerárquica del jefe que les dice a los empleados qué hacer ha caído por la borda, y está siendo reemplazada por una cultura colaborativa de construcción de consenso. Ya no basta con que un Principal Oficial Ejecutivo en la octava planta envíe una directriz; ahora debe conseguir una aprobación de los presidentes, que tienen que conseguir una aprobación de los directores, quienes tienen que conseguir una aprobación de los supervisores y encargados, quienes a su vez tienen que conseguir una aprobación de las personas del piso. Tom Friedman habla acerca de esto en *The World Is Flat* [El Mundo es Plano]: ya no funcionan las jerarquías, pirámides y diagramas de flujo que antes describían cómo se hacían las cosas.

Los cambios culturales demandan nuevas maneras de ver las cosas y nuevos vocabularios. Equipos virtuales, grupos colaborativos y fuerzas de trabajo se enfatizan en este nuevo lenguaje, y los productos son comercializados de formas totalmente nuevas. Delta Airlines está anunciando a Starbucks. Starbucks está anunciando a *The Atlanta Journal Constitution*. Las películas de alquiler anuncian programas de televisión, y los programas de televisión anuncian páginas web. Todo está mucho más entremezclado.

Hay un nuevo equipo con nuevos sistemas de entrega integrando las industrias verticales del ayer. En el pasado, la mayoría de los negocios se hacían localmente, así que si no estabas en Atlanta, no trabajábamos juntos. Ahora, los teléfonos celulares, el correo electrónico y las redes digitales han unido a las personas por todo el mundo. Por ejemplo, yo vivo en Atlanta, Georgia, mi escritor fantasma vive al norte de New Jersey, y este libro se publicó en New Kensington, Pennsylvania.

Aunque nuevos sistemas de entrega aportan nuevas capacidades, también producen dolores. Por ejemplo, cuando se programan teleconferencias multinacionales, ¿qué zona de tiempo obtiene preferencia? Y cuando se hacen transacciones comerciales, ¿qué índice de cambio se usa? Eso es parte de la transición a nuevas normas culturales.

Realidades externas cambiantes. El ritmo del progreso demanda una acción más rápida y más proactiva. Este ritmo frenético trae consigo la comprensión de que, a

> **EL RITMO DEL PROGRESO DEMANDA UNA ACCIÓN MÁS RÁPIDA Y MÁS PROACTIVA.**

pesar de tu intensivo análisis de mercado, estudios demográficos y planes estratégicos, ya no estás en el asiento del conductor con ambas manos firmemente en el volante.

A veces, esa comprensión llega lentamente. Una expansión local amplía una carretera, reemplazando negocios más pequeños y más antiguos por otros nuevos. Quizás uno de ellos era uno de tus mejores proveedores, lo cual te obligó a encontrar un sustituto, y eso conduce incluso a más cambios, especialmente si la construcción de la carretera se produce para hacer espacio para un nuevo centro comercial. Es doloroso darse cuenta de que careces de influencia en los asuntos y las situaciones sobre los que antes tenías cierto control.

Realidades competitivas. Los paisajes competitivos pueden convertirse rápidamente en vistas de mares embravecidos, capaces de tragarse incluso a las organizaciones más legendarias.

¿Recuerdas cuando AT&T era la única opción en la ciudad? Primero llegaron las amenazas de Sprint, MCI, y otras compañías de larga distancia. Después, creció una competencia más intensa con los Baby Bells, que en un tiempo eran parte de la familia AT&T. Finalmente, el entorno competitivo se vio completamente alterado cuando empresas de teléfonos celulares, televisión por cable y de Internet comenzaron a ofrecer planes baratos de llamadas. Y ahora el ciclo está comenzando de nuevo.

Ciertamente, los dolores de seguir siendo relevantes o competitivos no son fáciles, pero prestar atención a esos dolores puede impedir que te vuelvas irrelevante o una diana de adquisición, o incluso una estadística.

Dolor organizativo

Conflicto organizativo interno. Una pequeña organización experimenta riñas relativamente pequeñas. Los números pequeños hacen que sea más fácil manejar las expectativas y minimizar el conflicto cuando las expectativas de la gente difieren de su experiencia.

A medida que tu organización se vuelve más exitosa y tu personal aumenta, es más difícil manejar los conflictos entre las expectativas de las personas y la realidad. También tienes que contender con la competencia en cuanto al personal y las distintas perspectivas, preferencias y prejuicios. Sin duda, el éxito de una organización creciente produce un nuevo dolor.

Decisiones con riesgos más elevados. Cuando me convertí en presidente del Instituto Bíblico Beulah Heights, nuestro presupuesto anual total estaba por debajo de

> EL ÉXITO DE UNA ORGANIZACIÓN CRECIENTE PRODUCE UN NUEVO DOLOR.

100.000 dólares, y finalmente progresamos a presupuestos de un millón de dólares. Cada decisión que tomaba conllevaba riesgos cada vez más elevados, y era constantemente consciente de que tomar una mala decisión podía resultar en una pérdida de ingresos significativa, o afectar la seguridad laboral de los noventa y tres empleados. El estrés de tomar decisiones de vida o muerte y de alta prioridad es lo que envejece a los presidentes de los Estados Unidos; entran en la Casa Blanca con aspecto jovial, y salen con el cabello canoso y bolsas debajo de los ojos. Es debido a que cada trazo cuenta significativamente.

Ahora mis dolores son distintos. Una mala decisión laboral afectaría solo a mi familia, a mi ayudante y a mí. Es muy distinto a cuando era presidente de la universidad, cuando mis decisiones afectaban las vidas de muchas más personas. La angustia de tomar la decisión correcta es siempre dolorosa.

Dolor transformacional

Cuando Lou Gerstner se convirtió en el Presidente y Principal Oficial Ejecutivo de IBM en 1993, la empresa tenía problemas. Durante su primera reunión, el equipo de liderazgo discutió la estrategia de IBM, y cuando terminó esa reunión de ocho horas, Gerstner dijo que no había entendido nada; fue como si los otros líderes hablaran un idioma distinto.

Esa reunión, a pesar de lo dolorosa que fue, le reveló exactamente a lo que se enfrentaba para hacer que la compañía fuera rentable. Finalmente, tuvo que transformar la potente cultura de IBM, la cual le había hecho ser tanto famosa como exitosa en las décadas de 1960 y 1970.

Imagínate ser alguien fuera de la empresa, y tener que transformar un ícono como IBM. ¿Cómo lo hizo? Gerstner se hizo amigo de sus dolores. Aceptó el dolor de transformar la famosa cultura de IBM, el dolor de centralizar lo que se había convertido en una operación muy individualista, y el dolor de volar ante muchas otras cosas que se consideraban procedimiento de operación estándar. Al aceptar esos dolores, le dio la vuelta a IBM.

> **EL DOLOR SIEMPRE SERÁ PARTE DE NUESTRA VIDA SI SEGUIMOS SUBIENDO POR LA ESCALERA HACIA NUESTRO DESTINO.**

Los deportistas también deben aceptar su dolor. Siempre juegan aun teniendo dolores, y saben que tienen que hacerse amigos de su dolor. Un deportista profesional dijo que jugar al fútbol era como "estar en un accidente de auto cada día".[7]

¿Por qué continuó haciéndolo? Porque lo amaba, y entendía que su dolor era el precio que tenía que pagar.

---

[7]. "The Painful Lives of Football Players", ABC News, http://abcnews.go.com/GMA/ESPNSports/story?id=1528986&CMP=OTC-RSSFeeds0312.

Del mismo modo, los líderes deben aceptar su dolor, aunque nunca es fácil; y todos los líderes deben soportar el dolor de la crítica, ya que no se puede ser un líder y evitarla. Todo lo que el presidente de los Estados Unidos dice y hace es intensamente analizado; a los presentadores de los programas de debates les encanta diseccionar sus políticas y acciones. Se necesita tener la piel curtida para ser presidente.

Cuando la princesa Camilla visitó los Estados Unidos, la prensa le criticó por lo que llevaba puesto y lo que no llevaba puesto. Escribieron sobre cuántos cambios de ropa trajo para una visita de ocho días. Imagínate que fueras Camilla, y leyeras un artículo que decía que tenías un aspecto "desaliñado". Eso duele. Pero si quieres ser una princesa o un presidente, es con lo que tienes que lidiar.

Hacerte amigo del dolor es parte del liderazgo; nos dice que estamos avanzando en la dirección correcta, así que debemos aceptar que el dolor siempre será parte de nuestra vida si seguimos subiendo por la escalera hacia nuestro destino.

PUNTOS DE ENSEÑANZA

1. El rápido índice de cambio está causando nuevos dolores, dándole a todo una fecha de caducidad más corta.

2. Cuanta más alta sea nuestra posición, más dolores debemos soportar.

3. Nuestra disposición a manejar el dolor determina el nivel de liderazgo al que llegaremos.

4. Encontraremos dolor interno, dolor externo y dolor organizativo.

   a. El dolor interno surge de darnos cuenta de nuestras propias ineptitudes personales, elevarnos hasta el nivel de nuestra incompetencia, desconectarnos de personas familiares, encontrar nuevas personas cualificadas, y no ser capaces de articular las realidades internas.

      i. A pesar de nuestros mejores esfuerzos, puede que las cosas no salgan como esperábamos, haciendo que cuestionemos nuestras decisiones.

      ii. Puede que lleguemos a un nivel que simplemente no podamos superar.

      iii. La separación de las personas que conocemos es a menudo una realidad inevitable, pero dolorosa.

      iv. También experimentamos los dolores de necesitar y encontrar a las personas indicadas.

      v. La incapacidad de expresar nuestra visión también puede ser dolorosa.

   b. El dolor externo viene por las cambiantes normas culturales, una falta de control sobre las realidades externas y las presiones de la competencia.

- i. Las cambiantes normas culturales suscitan preguntas sobre cómo deberíamos hacer las cosas.

- ii. Nos falta control sobre asuntos y situaciones que queremos controlar, y perdemos el control de las cosas que antes controlábamos.

- iii. Los paisajes competitivos pueden transformarse rápidamente en vistas de mares embravecidos.

c. El dolor organizativo incluye conflicto organizativo y toma de decisiones con mayores riesgos.

- i. Según crece una organización, se hace más difícil gestionar las expectativas y minimizar el conflicto.

- ii. Subir en el liderazgo requiere una difícil toma de decisiones, lo cual conlleva mayores presupuestos, y afecta a muchas más personas.

5. Aceptar el dolor es una parte necesaria del liderazgo.

NUEVOS DOLORES

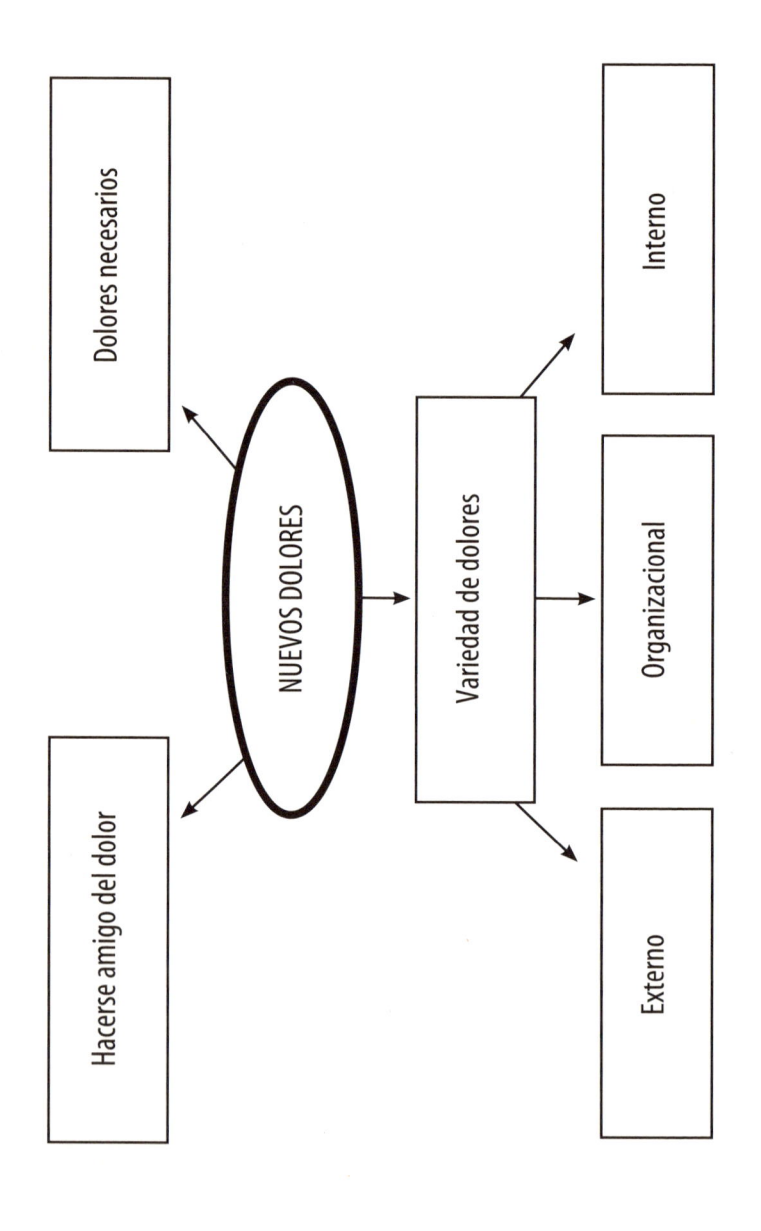

- Dolores necesarios
- Hacerse amigo del dolor
- Variedad de dolores
  - Interno
  - Organizacional
  - Externo

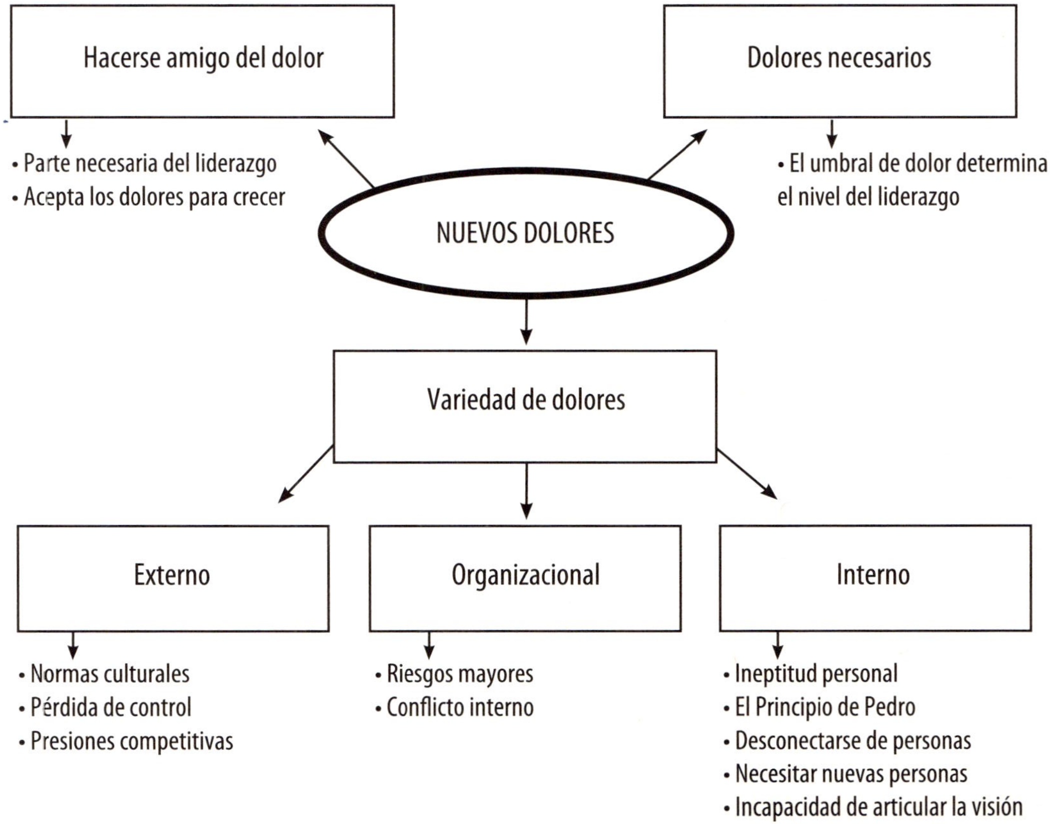

2: NUEVOS PADECIMIENTOS

NUEVOS DOLORES

- **Dolores necesarios**
  - El umbral de dolor determina el nivel del liderazgo

- **Hacerse amigo del dolor**
  - Parte necesaria del liderazgo
  - Acepta los dolores para crecer

- **Variedad de dolores**
  - **Externo**
    - Normas culturales
    - Pérdida de control
    - Presiones competitivas
  - **Organizacional**
    - Riesgos mayores
    - Conflicto interno
  - **Interno**
    - Ineptitud personal
    - El Principio de Pedro
    - Desconectarse de personas
    - Necesitar nuevas personas
    - Incapacidad de articular la visión

3

NUEVOS PAISAJES

"El siguiente cambio de mar está sobre nosotros. Debemos reconocer este cambio como una oportunidad para llevar nuestros donativos al siguiente nivel…"[8] —Bill Gates

*B*logging. Hasta hace pocas semanas, Jill nunca había oído el término. Desde la reciente decisión del consejo directivo de usar esta nueva tecnología de Internet para dar publicidad a las actividades de grupo de su organización sin fines de lucro, ella no ha leído ni hablado de mucho más. Aparentemente, tener un *blog*, que es una abreviatura de *Weblog*, era la última herramienta empresarial de alta tecnología. Escritos en un estilo informal, casi como un diario en línea, los *blogs* dan a cualquier organización, incluidas las grandes empresas como GM y Google, una voz más humana. Jill había esperado que sus incursiones en la extraña tierra de la

---

8. Memo de Bill Gates citado en Mary Jo Foley, "Gates Memo: We've Got to Get This Services Thing Right", *PC Magazine*, 9 de noviembre de 2005, http://www.pcmag.com/article2/0,2817,1884289,00.asp.

tecnología se hubieran terminado cuando lanzó la página web del grupo. Ahora, no tenía ni idea de cómo un *blog* conectaría a las personas con su trabajo de beneficencia en la comunidad, y se preguntaba dónde encontraría el talento para mantener el contenido renovado e interesante. Sonriendo para sí, pensó en uno de los niños que vivía unos pisos más abajo, y que él probablemente podría redondear este asunto del *blog* de una forma mucho más rápida y capaz.

Tanto los líderes de iglesias como de empresas en todo el mundo están viéndose en paisajes o lugares totalmente nuevos, debido a las necesidades que se presentan en sus comunidades. Puede que estén o que no estén escribiendo *blogs*, pero están saliendo de maneras que tan solo hace unos años ni siquiera estaban en su radar. Están entrando en nuevos lugares con sus productos, con su modo de entrega, y con su servicio al cliente.

Entrar en paisajes nuevos es bueno. Los indios estadounidenses entendían esto. Si no les gustaba alguien, le maldecían diciendo: "Que te quedes en el mismo lugar". Se referían obviamente a algo más que un lugar geográfico; deseaban que esa persona tuviera un viaje personal estancado, una familia que no creciera, un futuro que no prosperara. Deseaban que se quedara en las mismas condiciones, sin movimiento, crecimiento y cambio.

Permanecer en el mismo paisaje produce mediocridad. Hace muchos años, los granjeros descubrieron que cuando se forzaba a la tierra a producir las mismas cosechas año tras año, el terreno se quedaba sin sus nutrientes esenciales. En los tiempos anteriores a los fertilizantes, para seguir produciendo buenas cosechas los agricultores cambiaban de lugar sus cultivos, o dejaban un trozo de terreno descansando una temporada, dando a la tierra la oportunidad de renovarse. El cambio se consideraba algo bueno y necesario.

> **PERMANECER EN EL MISMO PAISAJE PRODUCE MEDIOCRIDAD.**

EL VIAJE A NUEVOS PAISAJES

La naturaleza de un líder es buscar y viajar a nuevos lugares. Para hacer eso, un líder debe:

- Desarrollar una clara visión de su destino
- Desconectarse de actividades y personas que no van en esa dirección
- Conectar con personas que están en su destino deseado

Una clara visión es una necesidad. Una vez que tu destino está claro, estás más inclinado a encontrar recursos que te puedan llevar a donde quieres ir. Por ejemplo, la visión de crear una empresa que desarrolla páginas web con una venta segura en línea dirigirá tu pensamiento y tus actividades. No te permitirás distraerte con seminarios para personas que desarrollan videojuegos o asociaciones industriales para vendedores de calzado.

Veo que cada vez más líderes tienen visiones más claras de sus destinos; definen a dónde quieren ir e invierten recursos que los llevarán hasta allí. Sin embargo, una visión clara no es el único requisito para llegar a tu destino. Algunos líderes saben que quieren ir al oeste, por ejemplo, pero se quedan merodeando por el litoral este, y de vez en cuando miran el tren que se dirige a la frontera con la que han soñado. Por mucho que lo hagan, el simple hecho de desear, soñar o visualizar nunca les llevará a donde quieren ir, pues para llegar a su destino es necesario que primero se desconecten de las personas que les rodean y del lugar en el que están, para poder subirse al tren que se dirige en la dirección correcta.

> **UNA CLARA VISIÓN ES UNA NECESIDAD.**

¿Cuán importante es desconectarse? Desconectarse fue probablemente lo que mantuvo la rentabilidad de Intel, y posiblemente su existencia, en el mercado del *chip* tan extremadamente competitivo.

A comienzos de la década de 1980, la mayoría de los principales ejecutivos de Intel no veían la necesidad de cambiar nada. En ese entonces, era probablemente el proveedor principal de *chips* de memoria, y estaba obteniendo cerca de mil millones de dólares al año. El principal oficial ejecutivo, Gordon Moore, sabía que la industria tendría que sufrir cambios drásticos, porque las firmas japonesas estaban comenzando a fabricar los mismos *chips* a precios tan bajos que pronto se convertirían en mercadería. En 1984, las ganancias de Intel cayeron por debajo de dos millones.[9]

---

9. Richard S. Tedlow, "The Education of Andy Grove", *Fortune*, 12 de diciembre de 2005, http://archive.fortune.com/magazines/fortune/fortune_archive/2005/12/12/8363124/index.htm.

No pienses que desconectarse es fácil. En su libro *Only the Paranoid Survive: How to Identify and Exploit the Crisis Points That Challenge Every Business* [Solo los Paranoides Sobreviven: Cómo explotar los puntos críticos que son un desafío para cualquier empresa], Andrew Grove dice que él sabía que Intel tenía que salir de ese mercado, pero le costaba incluso que las palabras salieran de su boca. Con el tiempo, fue capaz de tomar la dolorosa y necesaria decisión de desconectarse del mercado que Intel prácticamente había creado, para poder seguir avanzando. Desconectarse fue doloroso para Intel en todos los sentidos, ya que significó despidos de miles de empleados y la primera pérdida de la empresa desde sus comienzos.

¿Valió la pena? Respondamos a una pregunta haciendo otra: ¿Significa algo para ti el eslogan *Intel Inside*? Desconectarse del mercado de los *chips* de memoria permitió que Intel se enfocara en desarrollar un procesador nuevo y más rápido que sería parte de la nueva computadora personal de IBM. El resto, como ellos dicen, es historia; pero el primer paso para llegar allí fue desconectarse.

No puedes quedarte estático si quieres seguir moviéndote. Tienes que ser parte de algo que se esté moviendo, y asociarte con personas que se están moviendo. Y si tu iglesia, empresa u organización está yendo a algún sitio, descubrirás que las personas querrán estar conectadas contigo para que ellos también puedan ir a algún lugar.

Además de conectarte con personas y organizaciones que se están moviendo, es importante identificar, conectar y pedir ayuda a personas que ya están en tu destino. Hablar con personas que están donde tú quieres ir te ayuda a desarrollar una visión mucho más clara de tu destino.

SALIR ADELANTE EN EL VIAJE

Un viaje a un lugar nuevo puede ser incómodo porque tienes que dejar lo familiar, tu zona de comodidad, y viajar a lo desconocido. Aunque quizás no haya mapas de tu nueva ubicación, hay cuatro principios que te pueden ayudar a navegar por el terreno de cualquier territorio desconocido:

+ Prepárate para abandonar lo conocido y hacerte amigo de lo desconocido.
+ Acostúmbrate a la ambigüedad.
+ Sé flexible con tu dirección.

Siempre que viajemos a lo desconocido, experimentaremos cierta cantidad de preocupación, angustia y nerviosismo. Cuando Dios nos pide ir a nuevos lugares, tenemos que abandonar lo conocido, y *hacernos amigos de lo desconocido*. Todo en nuestra psiquis quiere quedarse en lo conocido; todo en la psiquis de Dios quiere que pasemos a lo desconocido.

La Escritura está llena de ejemplos de esto. Es como si Dios dijera:

Abraham, estás familiarizado con esta tierra, pero te voy a llevar a una tierra que no has visto (Ver Génesis 12:1).

David, estás familiarizado con las ovejas, pero te voy a llevar a un territorio desconocido de realeza y políticos (Ver 1 Samuel 16).

Daniel, estás familiarizado con el trabajo en altos niveles de gobierno, pero te voy a llevar a algo desconocido como defender la justicia (Ver Daniel 1).

Pedro, eres un buen pescador, pero te voy a hacer pescador de hombres (Ver Mateo 4:19).

Aunque todo en nosotros quiere quedarse en lo conocido y familiar, Dios siempre intenta llevarnos hacia lo incierto y desconocido, porque es ahí donde confiamos en Dios de maneras nuevas.

Es en lo incierto, en lo desconocido, y en los nuevos paisajes donde confiamos en Dios de maneras nuevas.

Además de acostumbrarnos al viaje a nuevos lugares, tenemos que crear una cultura organizativa que se haga amiga de lo desconocido; una cultura que fomente el pensamiento innovador y esté abierta a explorar nuevas ideas y a viajar a nuevos lugares. Demasiadas organizaciones recompensan a sus empleados solo por mantener lo conocido.

> **ES EN LO INCIERTO, EN LO DESCONOCIDO, Y EN LOS NUEVOS PAISAJES DONDE CONFIAMOS EN DIOS DE MANERAS NUEVAS.**

Dos años antes de que Netscape Communications lanzase el primer navegador web, un investigador enseñó un prototipo al principal oficial ejecutivo de Hewlett-Packard. Ahora, el nuevo principal oficial ejecutivo estaba emocionado por el concepto del navegador, y se lo transmitió a los líderes de la división informática de HP, pero cuando la división informática revisó el navegador, lo rechazó. ¿Por qué? En parte porque no se podían imaginar cómo esa cosa nueva podía ayudar a vender computadoras, y en parte porque la gerencia siempre enfatizó la importancia de cumplir con las metas trimestrales antes que invertir en nuevos programas.

No saber hacerse amigo de lo desconocido puede ser costoso. Aunque tu organización necesita procesos, tienes que tener cuidado de no sofocar el pensamiento innovador que podría llevarte a lugares desconocidos.

Google es un gran ejemplo de una empresa que alimenta la innovación. Todos sus ingenieros tienen un día a la semana para trabajar solamente en sus propios proyectos favoritos, aunque no estén relacionados directamente con los esfuerzos de la empresa. Si sus trabajos les impiden usar ese tiempo independiente, pueden guardárselo y usarlo más adelante. Sus altos ejecutivos también tienen horas de oficina dedicadas a discutir nuevas ideas con los empleados, y cualquier empleado puede poner nuevas ideas para el negocio y discutirlas en sus tablones de anuncio en línea.

Google sabe que para que su organización crezca, deben acostumbrarse a lo desconocido. Tienes que estar dispuesto a entrar en lo incierto y a aventurarte a territorio desconocido. Por ejemplo, imagina que a tu organización siempre le ha ido bien con una persona manejando la contabilidad, pero al crecer, se convierte en demasiado trabajo para solo una o dos personas, así que tu contable principal propone un arreglo de subcontratación. Al principio, quizás no estés cómodo con la nueva propuesta, pues te gusta supervisar directamente su trabajo, saber cómo hace las cosas, y te gusta recorrer el pasillo hasta su oficina y hacer preguntas. No conocerías a esos nuevos contables, así que sería incómodo; pero para entrar en el crecimiento, debes estar dispuesto a entrar en lo desconocido.

> PARA ENTRAR EN EL CRECIMIENTO, DEBES ESTAR DISPUESTO A ENTRAR EN LO DESCONOCIDO.

Todo líder también tiene que *estar cómodo con la ambigüedad*, tanto real como percibida. Nos gusta pensar que sabemos a dónde vamos, pero lo único que tenemos es una dirección general; siempre estamos viviendo con lo ambiguo. Probablemente tenemos muchas preguntas que nos gustaría responder, pero solo tenemos que ver lo que ocurre a medida que el viaje se va desplegando. Tienes que aceptar que algunos problemas pueden resolverse solamente avanzando hacia delante, y una vez que llegas a un escalón, tendrás otras cosas que resolver. Tu destino es siempre percibido; aún no se ha convertido en realidad. Puede que hayas rastreado tu estrategia y desarrollado algunas tácticas, pero según se desarrolla el viaje, las situaciones cambiarán de formas que no podías haber percibido con antelación.

Como las cosas cambian durante tu viaje, también tienes que ser flexible con tu dirección. Tener la flexibilidad para hacer correcciones a mitad de camino y cambiar de carril es una parte importante de alcanzar tu destino.

Mi propio destino se ha ido destilando con el tiempo. Llegué a los Estados Unidos como estudiante y me fui cocinero, lavaplatos y conserje en mi universidad. Después de graduarme, me convertí en pastor asistente de una iglesia, me casé, comencé una familia, y después me convertí en pastor principal. Entonces llegué a ser el rector del Instituto Bíblico Beulah Heights (ahora Universidad Beulah Heights), y después en su decano. Ahora escribo libros, doy conferencias y consultoría. He tenido que familiarizarme con cambiar de carril y hacer transiciones. Si mi desasosiego me hubiera impedido cambiar de carril, habría tenido "artritis de la vida" y me habría quedado estancado en algún lugar durante el camino.

¿Alguna vez has visto a personas que se quedan en el carril rápido de la autopista? Yo nunca quiero quedarme en ese carril, porque llegar a nuevos lugares a veces significa tomar una salida, tomar un desvío y regresar a la autopista más adelante. Encontrar nuevos lugares también exige cierta cantidad de *flexibilidad*.

No subestimes la importancia de hacerte amigo de lo desconocido, acostumbrarte a la ambigüedad, y mantenerte flexible. Estos son principios clave que hay que dominar, porque no eres un pionero que viaja por la tierra en un vagón cubierto, sino que eres el capitán de un barco que navega por las aguas cambiantes e inexploradas del mar. Ver el océano desde la playa nos recuerda que la tierra en la que estamos es inmóvil y estática; sin embargo, solo a unos metros de distancia el mar cambia cada segundo.

Los líderes transformados saben que deben actuar en el mar, y no en la tierra. ¿Por qué? Porque su viaje no les llevará por un entorno inmóvil, sino por uno dinámico y en continuo cambio. No estar preparado para un entorno dinámico causa problemas a muchas organizaciones.

> ESPERA NAVEGAR POR EL MAR Y NO POR LA TIERRA. LOS LÍDERES ENFATIZAN EL MAR ANTES QUE LA TIERRA.

Pensemos en AT&T. Durante años, la empresa monopolizó la industria de las telecomunicaciones, e incluso después de que partes de la empresa se habían dividido en empresas regionales de telefonía, los líderes siguieron operando como el monopolio que habían sido durante tantos años. No fueron capaces de cambiar de carril porque aún pensaban como una gigantesca bestia de tierra. En muchos aspectos, se comportaban como si estuvieran viviendo en la tierra cuando realmente estaban en el cambiante mar.

Delta Airlines es otro ejemplo. Sufrieron problemas económicos mientras proveedores baratos, como Air Tran, Southwest, Frontier y otros, estaban ganando dinero, en parte porque eran más pequeños y ágiles. Así que Delta Airlines comenzó a escanear el entorno, y a adaptarse a las condiciones de evolución que les rodeaban, y siguen haciéndolo. Cuando la tierra cambia y se convierte en un mar, están dispuestos a adaptarse y cambiar rápidamente; son como pequeños coches deportivos que sortean el tráfico, y no grandes camiones.

En *The World Is Flat: A Brief History of the Twenty-First Century* [El Mundo es Plano: una historia breve del siglo XXI], Tom Friedman habla acerca de los efectos de la globalización, y establece el punto de que aunque muchas cosas en la economía global han cambiado con bastante rapidez, nuestros sistema de entrega y metodologías no lo han hecho. Tenemos que estar dispuestos a hacer cambios mientras navegamos por el mar, porque cambia cada segundo; siempre tenemos que estar abiertos a nuevos lugares y estar dispuestos a abordar la siguiente ola.

Ninguna organización es inmune a esto. No creas que porque tu iglesia sea saludable, no tiene que cambiar. Al meditar en su décimo aniversario de convertirse en el pastor de *First Evangelical Free Church*, H. Dale Burke observó que a las iglesias saludables les cuesta más ver la necesidad de cambiar. Nadie parece estar muy preocupado por los sutiles síntomas de quedarse atrás en una iglesia saludable, pero eso no significa que los cambios no sean necesarios para alcanzar a un mundo cambiante.[10]

Saber que estamos navegando por el mar nos da alguna información muy importante:

- El entorno es siempre cambiante.
- Cambia más rápidamente de lo que nos damos cuenta.
- Todos vamos a nuevos lugares.

---

10. H. Dale Burke, "Even Healthy Churches Need to Change", *Leadership Journal*, otoño de 2005, http://christianitytoday.com/le/2005/fall/3.43.html.

- Deberíamos pensar en esos nuevos lugares para poder cambiar nuestra trayectoria como sea necesario para llegar a nuestro destino.

No creas que Bill Gates no observó los cambios del mar que afectaban a su industria, y que ajustó su ruta para llegar a su destino. En 2005, para llevar a Microsoft a la siguiente fase de cambio que produjo la Internet, contrató a un nuevo jefe técnico, Ray Ozzie. En ese entonces, Microsoft ya había estado anticipando cambios en cómo el *software* se distribuiría, usaría y pagaría, cambios que quizás reflejaban el modelo de tecnología P2P que Napster popularizó.[11]

Bill Gates observó los cambios del mar durante bastante tiempo. En un informe titulado "The Internet Tidal Wave" escrito en 1995, había pronosticado cómo el Internet alteraría la industria informática, y lo que significaría para Microsoft. Bill Gates prestó atención al mar; sabía que si surfeaba las olas, le llevarían a él y a su empresa a nuevos lugares.

PUNTOS DE ENSEÑANZA

1. Ir a nuevos paisajes es algo bueno y necesario. Quedarse en el mismo sitio solo produce mediocridad.

2. Alcanzar nuevos lugares exige desarrollar una visión clara de nuestro destino, desconectarnos de personas y actividades que no se dirigen en esa misma

---

11. Steve Lohr, "Can This Man Reprogram Microsoft?" *New York Times*, 11 de diciembre de 2005, http://www.nytimes.com/2005/12/11/business/yourmoney/can-this-man-reprogram-microsoft.html?_r=0.

dirección, y conectar con personas que se dirigen hacia nuestro destino.

    a. Una vez que está claro nuestro destino, nos inclinamos más a encontrar los recursos necesarios.

    b. Llegar a nuestro destino conlleva desconectarnos de donde estamos actualmente. No podemos quedarnos estáticos.

    c. También debemos conectar con personas que ya están donde nosotros queremos ir.

3. Ir a nuevos paisajes es más fácil cuando nos hacemos amigos de lo desconocido, nos acostumbramos a la ambigüedad, y nos mantenemos flexibles.

4. Los líderes esperan navegar por el mar y no por la tierra.

5. La naturaleza humana no quiere alejarse de lo familiar, pero tenemos que estar listos para salir de nuestra zona cómoda, y viajar a lo desconocido.

6. Tenemos que crear culturas organizativas que fomenten el pensamiento innovador. No hacerlo puede ser costoso.

7. Siempre vivimos con lo ambiguo, aunque nos guste pensar que sabemos hacia dónde vamos.

8. Las situaciones y circunstancias cambian a menudo, así que tenemos que mantenernos lo suficientemente flexibles como para corregir el curso.

9. Debemos estar preparados para tomar la siguiente ola, porque las cosas cambian más rápidamente de lo que pensamos.

NUEVOS PAISAJES

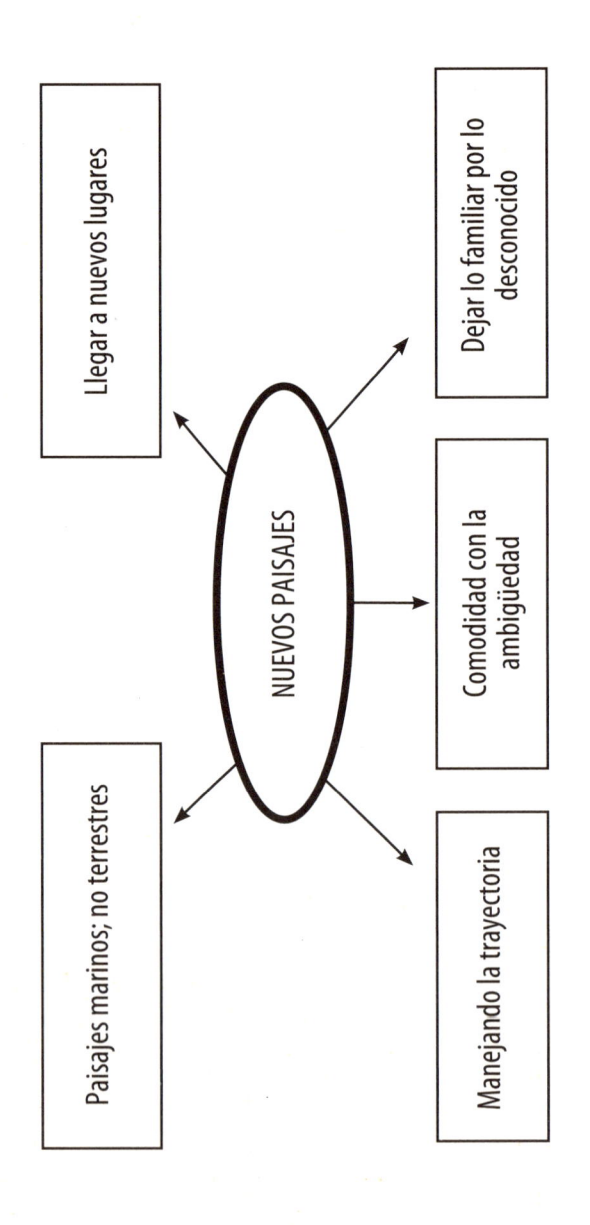

- Llegar a nuevos lugares
- Dejar lo familiar por lo desconocido
- Comodidad con la ambigüedad
- Manejando la trayectoria
- Paisajes marinos; no terrestres

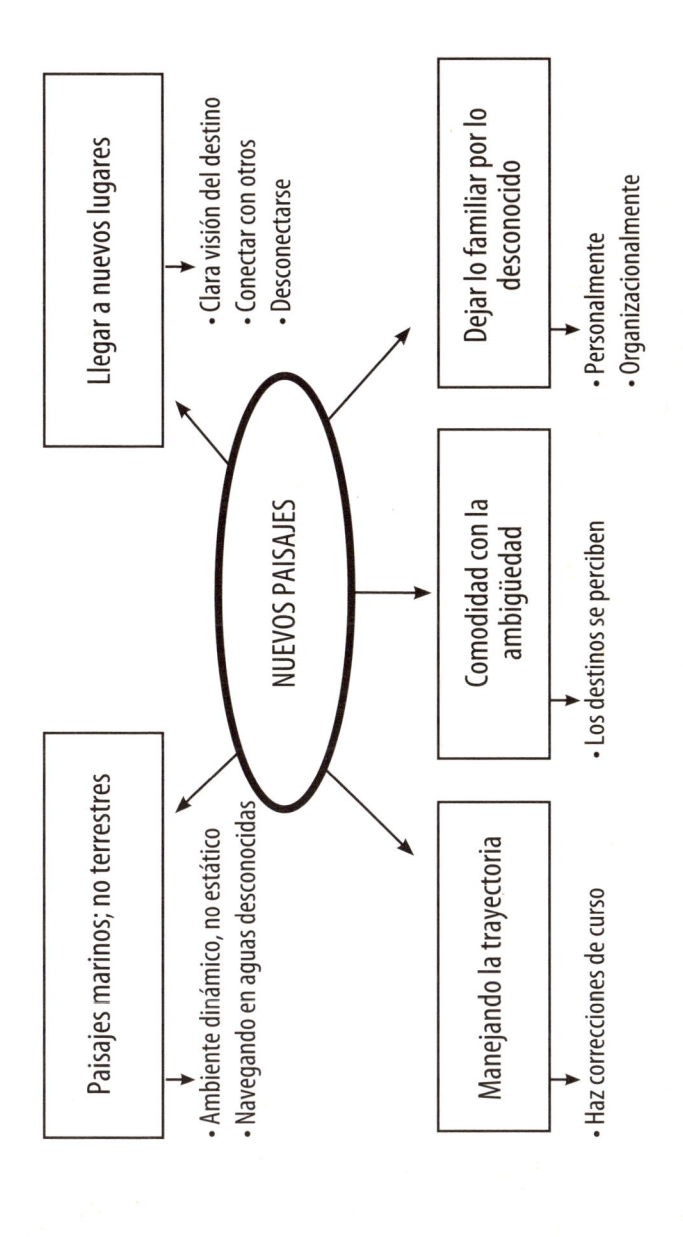

3: NUEVOS PAISAJES

NUEVOS PAISAJES

Llegar a nuevos lugares
- Clara visión del destino
- Conectar con otros
- Desconectarse

Dejar lo familiar por lo desconocido
- Personalmente
- Organizacionalmente

Comodidad con la ambigüedad
- Los destinos se perciben

Manejando la trayectoria
- Haz correcciones de curso

Paisajes marinos; no terrestres
- Ambiente dinámico, no estático
- Navegando en aguas desconocidas

4

NUEVAS PERSPECTIVAS

"El que no está ocupado naciendo está ocupado muriendo".[12] —Bob Dylan

El brillante despertador digital señalaba las 3:00 de la mañana. Incapaz de dormir, Joe, el pastor de jóvenes, bajó de puntillas las escaleras, desconectó su guitarra del amplificador, y tocó calladamente. Al otro lado de la ciudad, el pastor principal Jake Barrett volvió a visitar mentalmente la misma reunión del consejo que su pastor de jóvenes.

La tranquila pasión y energía de Joe habían vigorizado a los adolescentes de la iglesia y la juventud en edad universitaria, pero aun así, el consejo estaba dividido por su propuesta de un servicio de jóvenes el viernes por la noche, dando voz a la preocupación de que una reunión por la noche reduciría mucho la asistencia el domingo por la mañana. Joe había descrito reuniones similares que habían aumentado el

---
12. Bob Dylan, "It's Alright, Ma (I'm Only Bleeding)", 1965.

interés por los asuntos espirituales, pero el consejo no tenía presupuesto.

Mirando fijamente su guitarra, Joe se preguntaba por qué al parecer ninguna cantidad de información parecía persuadir a los miembros del consejo, por qué ellos rehusaban incluso experimentar.

En su cocina, Jake se cuestionaba sus propias reservas, preguntándose por qué había resistido la idea nueva de Joe cuando había renovado el interés de los jóvenes de la iglesia.

Cuando el despertador señalaba las 4:00 de la mañana, ambos hombres estaban sentados meditando en silencio.

Todo líder necesita poder ver las cosas de forma distinta, pensar con originalidad. El mundo empresarial valora las perspectivas nuevas, porque ser distinto, ir un paso por delante, crea demanda de productos y servicios. Cuando los líderes de iglesias y de organizaciones no gubernamentales desarrollan y presentan nuevas ideas, producen crecimiento.

¿Qué importancia tiene una perspectiva nueva? En *The Effective Executive: The Definitive Guide to Getting the Right Things Done* [El ejecutivo eficaz], el analista de empresas Peter F. Drucker habla de una empresa de suministros médicos derribada de su alta posición en la industria. Los líderes de la empresa quedaron asombrados porque sus productos eran técnicamente superiores a los del rival que les aventajaba.

Finalmente, aprendieron que el éxito de su competidor no lo ganó gastando una gran parte de su presupuesto de investigación en avances técnicos. En vez de luchar contra ellos en su propio terreno, enviaron a sus vendedores a hospitales y consultas médicas, animándolos a observar y escuchar a los clientes, no a venderles. La información y las ideas nuevas que obtuvieron al observar el entorno y los retos de sus clientes les ayudaron a convertirse en el proveedor favorito de la industria.

EL GÉNESIS DE LA PERSPECTIVA

Obtener nuevas perspectivas es siempre gratificante, pero exige que nos forcemos a pensar de formas nuevas. Nuestros demostrados métodos de pensamiento no conducirán a descubrir nuevos métodos de competir o nuevos caminos para servir.

> **OBTENER NUEVAS PERSPECTIVAS ES SIEMPRE GRATIFICANTE, PERO EXIGE QUE NOS FORCEMOS A PENSAR DE FORMAS NUEVAS.**

Como es importante ser consciente de cómo desarrollamos nuestro pensamiento, examinaremos los seis principales orígenes de la perspectiva:

1. Familia
2. Amigos
3. Enemigos
4. Cultura
5. Educación
6. Sabiduría antigua

Nuestra familia es el primer grupo que nos enseña cómo pensar bien algo, y es aquí de donde obtenemos nuestros principales valores, prejuicios, temores, inclinaciones y preferencias.

El segundo origen de nuestra perspectiva son nuestros amigos, pues traen con ellos todas las influencias de sus familias. Si tienes tres buenos amigos, todos ellos traerán sus propios universos a la mesa. Cuando tú hablas, ellos dicen: "Mi mamá hace esto", "Mi papá dice esto", "Nosotros nunca hacemos eso", o "¿Por qué no haces aquello?". Incluso siendo niños, nos ayudan a pensar las cosas porque aportan perspectivas distintas.

Después están nuestros enemigos, aquellos a los que no les caemos bien, que no se preocupan por nosotros, y que no nos desean lo mejor. Cuando las personas no tienen en mente tus mejores intereses, eso te ayuda a ver las cosas con una perspectiva distinta. Quizás estés en una reunión y sabes que alguien que está ahí quiere debilitarte; no está ahí a tu favor, sino para desafiarte planteando problemas de tu departamento. Así es como él piensa. La manera de derrotar al enemigo es pensar como el enemigo, así que comienzas a tener cerca a tus amigos, y a tus enemigos más cerca aún, porque eso te da una nueva perspectiva.

> **MANTÉN A TUS AMIGOS CERCA Y A TUS ENEMIGOS MÁS CERCA AÚN.**

Nuestra cultura también nos da perspectiva. Con cultura me refiero a las regiones del país y partes del mundo. Si eres del noroeste y yo soy del sur, nuestras culturas son distintas;

nos relacionaremos de formas distintas, pensaremos distinto y quizás incluso valoraremos las cosas de formas distintas.

Nuestra educación también moldea nuestra perspectiva. Como han sido informados en distintos niveles, los que completan la educación obligatoria verán un asunto de cierta forma, mientras que quienes tengan educación universitaria lo verán de otra. Ambas partes han sido informadas, pero a niveles distintos.

Nuestras actitudes influencian en gran manera nuestra capacidad de desarrollar nuevas perspectivas.

Después está la sabiduría antigua engranada en nuestro subconsciente, que nos dice que deberíamos hacer esto, pero no deberíamos hacer aquello. El libro de Proverbios habla sobre esto. Por ejemplo, llevo fuera de mi país natal de India desde 1973, y sin embargo, hay una parte de la antigua sabiduría de India que permanece conmigo.

NUESTRAS ACTITUDES INFLUENCIAN EN GRAN MANERA NUESTRA CAPACIDAD DE DESARROLLAR NUEVAS PERSPECTIVAS.

Una vez que nos damos cuenta de los límites de nuestro pensamiento, podemos traspasarlos proactivamente para desarrollar nuevas perspectivas.

CREENCIAS SALUDABLES FOMENTAN NUEVAS PERSPECTIVAS

Además de saber cómo desarrollar perspectiva, debemos ser conscientes de nuestras creencias, las cuales influyen grandemente en nuestra capacidad de desarrollar nuevas perspectivas.

Si creemos que tenemos que ser competentes en todas las áreas, desarrollaremos un espíritu independiente. Aunque es saludable tener cierta cantidad de independencia, debemos cuidarnos de no desarrollar un espíritu que no acepte las ideas de otras personas, ya que eso nos impide obtener nuevas perspectivas. Tenemos que ser lo suficientemente saludables y libres para admitir que no podemos ser fuertes en todas las áreas.

Es mucho más saludable enfocarse en desarrollar un espíritu interdependiente. Como líderes, no necesitamos saberlo todo; solo necesitamos conocer a personas que tengan fortalezas que complementen las nuestras. Podemos rodearnos de personas que nos muestren lo que tengamos que ver, y que nos ayuden a entender lo que necesitamos. Yo no tengo que saber programar una computadora; solo necesito a alguien que pueda hacerlo por mí. No tengo que verlo todo; solo necesito personas que puedan ver lo que yo no veo. Debes seleccionar cuidadosamente a los consejeros idóneos, así como el presidente escoge cuidadosamente a los miembros de su gabinete. Como mencioné en el libro *¿Quién sostiene tu escalera?*, tienes que seleccionar a las personas adecuadas para sostener tu escalera.

En el capítulo 1, "Nuevas personas", menciono los tres grupos de personas con las que tenemos que estar conectados: los que están donde nosotros estábamos, los que están donde nosotros estamos, y los que están donde queremos estar. Uso el término "transdependiente" para describir cómo deberíamos relacionarnos con estos tres grupos de personas, y para que nuestra vida sea saludable necesitamos a los tres grupos de personas. La transdependencia nos mantiene arraigados en el pasado, nos da contexto para el presente, y nos ofrece perspectiva para el futuro.

> LA TRANSDEPENDENCIA NOS MANTIENE ARRAIGADOS EN EL PASADO, NOS DA CONTEXTO PARA EL PRESENTE, Y NOS OFRECE PERSPECTIVA PARA EL FUTURO.

Los líderes saludables pueden decir: "No lo sé todo, no tengo que saberlo todo, y eso no es una señal de debilidad. Solo tengo que estar relacionado con personas que puedan ayudarme a alcanzar mis metas".

La investigación nos dice que los líderes que tienen la humildad para cultivar un espíritu saludable y transdependiente crean organizaciones ganadoras. En su clásico estudio sobre las características de los grandes líderes, Jim Collins dijo que un ejecutivo con la rara mezcla de "humildad personal extrema" y "voluntad profesional intensa" era *el* componente crítico en todas las organizaciones de alto desempeño.[13]

---

13. Jim Collins, "Level 5 Leadership: The Triumph of Humility and Fierce Resolve," *Harvard Business Review*, Julio-Agosto 2005, https://hbr.org/2005/07/level-5-leadership-the-triumph-of-humility-and-fierce-resolve.

Él se quedó perplejo por su modestia, por su deseo de no hablar de sí mismo, sino de enfocar la atención en otros ejecutivos. Collins también descubrió que ocurría exactamente lo contrario: los líderes con egos enormes eran perjudiciales para sus organizaciones.[14] Aunque su carisma y sus habilidades siguen conduciendo a cambios beneficiosos, estos líderes no fueron capaces de sostener el desempeño a este nivel.

> EN LUGAR DE DECIR: "YO TOMO LA DECISIÓN FINAL Y ASUMO LA RESPONSABILIDAD", LOS BUENOS LÍDERES INICIAN Y DELEGAN RESPONSABILIDAD.

Ser humilde como persona que responde, y ser humilde como facilitador de los éxitos de tu organización son cosas completamente distintas. En vez de decir: "Yo tomo la decisión final y asumo la responsabilidad", los buenos líderes inician las cosas, y después de hacerlo, delegan responsabilidad a las personas correctas y *ellos* toman la decisión. No lo saben todo, y eso no es malo. Es solo una perspectiva distinta.

CONECTAR PERSONAS Y PERSPECTIVA

Con frecuencia obtendrás nuevas perspectivas de otras personas. Cuando intentes solucionar algo, interactuar con personas con otros puntos de vista fomenta nuevas ideas. Obtendrás más perspectiva de otras personas que de asistir a conferencias, leer libros y escuchar CDs. Cuando estás buscando una nueva perspectiva, ¡el lugar para encontrarla es en otras personas!

---

14. Ibid.

Pero para obtener esa nueva perspectiva, tienes que estar cómodo con personas que saben más que tú. Eso significa que deberás tener cuidado de no querer ser siempre el más listo de la reunión. Vivir continuamente en círculos donde tú eres la persona más lista es un lugar triste en el que estar.

Hubo un tiempo en que la gente se esforzaba por ser la más inteligente del lugar. Ahora, cada vez más personas se dan cuenta de que tienen que estar alrededor de personas más inteligentes que ellas. Se dan cuenta de que el mundo en el que están no es un paisaje de tierra estático, sino uno de mar que siempre está cambiando. Ha habido un cambio en el pensamiento, y cada vez más personas dicen: "Tengo que estar junto a personas que sepan más que yo, para que salga de entre ellos sabiendo más de lo que sabía al llegar".

> **TIENES QUE ESTAR CÓMODO CON PERSONAS QUE SABEN MÁS QUE TÚ.**

Cuando te rodeas de personas inteligentes, dales el permiso sincero de hablar a tu vida. Puedes darles un consentimiento verbal, pero hay también otras formas de hacerlo. Puedes decirlo mediante tus acciones, asistiendo a charlas que ellos den o invitándolos a comer. Cuando les hayas dado estas señales, ellos no dudarán en darte sus ideas, y tú no lo tomarás como una crítica; saldrás de allí con una nueva perspectiva.

Estar abierto a las ideas de otras personas requiere nuestra disposición a dejar a un lado nuestras propias ideas. No funciona si tenemos un espíritu crítico que dice: "Bueno, eso les funciona a ellos, pero a mí no". Tampoco funcionará cuando tenemos un espíritu celoso que dice: "¡Yo debería haber pensado eso!".

> **CUANDO ERES HUMILDE, PUEDES LLAMAR A PERSONAS Y PREGUNTAR: "¿QUÉ PIENSAS?".**

Podemos aplicar las ideas de otras personas solo hasta el grado en que seamos humildes. Cuando eres humilde, no percibes las ideas de otros como amenazas, sino como regalos. Cuando eres humilde, no solo quieres las ideas de otros, ¡sino que las valoras y las solicitas! Cuando eres humilde, puedes llamar a personas y preguntar: "¿Qué piensas?". Los líderes humildes saben cómo solicitar las ideas de otras personas. ¿De qué sirve pedir el consejo de alguien y luego resistirlo? Si sigues resistiendo, después de un tiempo esa persona dirá: "No voy a discutir contigo. ¡Tú me has preguntado! ¿Y ahora quieres que te dé diez puntos que corroboren mi postura?".

La pregunta más importante que un ser humano puede hacer a otro es: "¿Qué piensas?". Ninguna pregunta demuestra tanto respeto por otra persona que esa. Las nuevas perspectivas llegarán cuando las busques, y entonces tendrás bienes intelectuales, ¡nueva perspectiva que aplicar!

DIEZ HERRAMIENTAS PARA TU VIAJE HACIA UNA NUEVA PERSPECTIVA

Para concluir este capítulo te dejaré con diez herramientas para usar en tu viaje hacia una nueva perspectiva.

1. Hazte las preguntas de "Peter Drucker":

- ¿Cuál es nuestra misión?
- ¿Quién es nuestro cliente?
- ¿Qué valora nuestro cliente?
- ¿Cuál es nuestro plan?
- ¿Cuáles son nuestros resultados?

2. Examina y aclara lo que ofreces. Tu producto es lo que ofreces a las personas. Y como eso cambia con el tiempo, pensar en ello puede cambiarte. Lo que yo ofrecía hace unos años, dirigir una universidad, no es lo que ofrezco hoy, que es coaching de vida y consultoría.

3. Ofrece lo que eres. ¿Qué es mejor, un pastor que da sermones inspirados o un pastor que se da a sí mismo? Ciertamente, el mayor regalo que un ser humano puede dar a otro es a sí mismo. Darme a mi esposa es muy distinto a trabajar para ser un esposo mejor. ¿Cómo te das a otra persona? Al enfocarte en quien eres, y no en lo que haces; se trata de enfatizar las realidades internas por encima de las realidades externas. Al final, quienes somos se convierte en lo que hacemos. (Ver Proverbios 4:23; Lucas 6:45).

> EL MAYOR REGALO QUE UN SER HUMANO PUEDE DAR A OTRO ES A SÍ MISMO.

4. Recertifícate cada año. El cambio es siempre necesario. No podemos suponer que solo porque algo funcione hoy, seguirá funcionando mañana. Debes evolucionar o te estancarás.

Un líder debe esforzarse continuamente por adelantarse en el partido, especialmente en el desarrollo personal. El crecimiento y el cambio se han estudiado durante años, pero se producen a un paso mucho más rápido que nunca antes en la historia.

La mayoría de los líderes reconocen la necesidad de cambio solo después de que el declive haya comenzado; no pasan a la acción hasta que algo se ha roto. Esto se ilustra por el punto B en la Curva de *Charles Handy's Sigmoid*. En este punto, lo mejor que pueden hacer es aplicar los frenos para disminuir la velocidad, comenzar una buena gestión de la crisis, y presentar su lado bueno.

Cuando vas por delante en la curva y estás haciendo cambios (punto A), nadie puede entender lo que estás haciendo o por qué lo estás haciendo. Ese periodo entre implementar el cambio y que otros comiencen a ver lo que tú viste se conoce acertadamente como *caos*. Cuando empiezas a hacer cambios, las personas quizás pregunten: "¿Por qué arreglarlo cuando no está roto?". Pero no puedes enseñarles algo para lo cual no tienen ojos.

Periodo de Caos

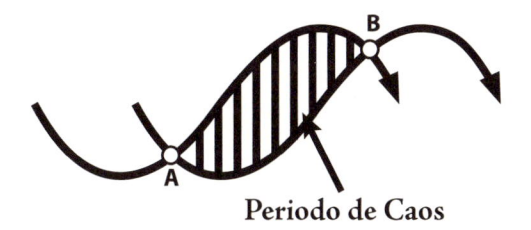

Ten por seguro que no hay forma de evitar los ciclos de caos. Ir de caos en caos es la forma en que crecen las organizaciones, las industrias cambian, y los productos evolucionan. Dado que siempre nos encontramos con ciclos de cambio, tenemos que adelantarnos en la curva preguntándonos regularmente: "¿Qué cambios tengo que hacer?". Si no lo hacemos, seremos parte del paisaje terrestre. Tenemos que asegurarnos de estar recertificándonos regularmente, haciendo cambios antes de que la necesidad se vuelva crítica.

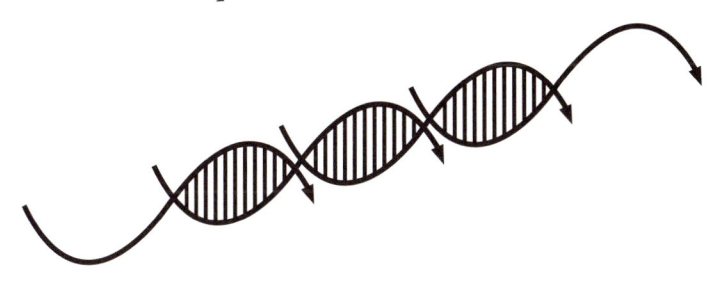

5. *Comprométete a realizar un plan de desarrollo personal (PDP).* Muchos líderes tienen planes de desarrollo personal, aunque no los han escrito. Deberías escribir nuevas perspectivas y hacer una gráfica de tu progreso. Incluye con quién vas a estar y qué cosas tienes que incluir en tu vida: conferencias a las que irás, periódicos a los que te suscribirás y CDs que escucharás. Después revisa trimestralmente tu progreso y ríndete cuentas a ti mismo.

6. Enfócate en las disciplinas personales. Las disciplinas personales son *el* factor determinante en el éxito de un líder. Las personas en todo el mundo me preguntan: "¿Cuál piensa usted que es *el* problema de liderazgo que hace que lo logres ahora o nunca?". Es este: las disciplinas personales. No son las cosas grandes las que hacen que la persona triunfe o fracase, sino las cosas pequeñas. Se trata de la hora a la que te levantas, de hacer lo que dices que vas a hacer, leer libros y llegar puntual. Se trata de decir siempre la verdad, de tratar a todos con respeto, devolver las llamadas de teléfono, y contestar a los correos electrónicos.

> LAS DISCIPLINAS PERSONALES SON EL FACTOR DETERMINANTE EN EL ÉXITO DE UN LÍDER.

¿CÓMO TE RENUEVAS?

Hay muchos tipos de disciplinas personales que deberías incorporar. En primer lugar, *responder sin demora*. Al manejar los contactos personales, por ejemplo, yo trabajo mediante una disciplina personal conocida como OHIO (por sus siglas en inglés), o "Manéjalo una sola vez". Cuando recibo un mensaje de correo o de voz, respondo sin demora, para no tener que manejar eso después. A veces, le paso el mensaje a mi asistente para que le dé un seguimiento. Si tengo que responder a un correo que me llevará más tiempo, respondo sin demora con un mensaje corto diciendo que recibí el mensaje, y que pensaré en ello y después responderé a esa persona. Después lo completo; se trata de un asunto de disciplina personal para mí.

En segundo lugar, *leer mucho*. Siempre aliento a las personas a leer fuera de la esfera estrecha de sus intereses, y leer sobre las áreas en las que quieren estar, no en las que están en el momento. Leo tanto literatura secular como literatura sagrada. Leo la revista *Fast Company*, el diario *Leader to Leader*, libros de Peter Drucker y *Harvard Business Review*. Leo todo tipo de géneros.

En tercer lugar, *crecer intencionalmente*. Cuando Bob Dylan escribió: "El que no está ocupado naciendo está ocupado muriendo", estaba diciendo que las personas tienen que asegurarse de estar siempre renovándose. ¿Cómo te renuevas? Yo me renuevo encontrando siempre personas nuevas con las que estar, y por mi trabajo, eso no es algo difícil. Siempre busco cosas nuevas que leer, personas nuevas que me puedan dar nuevas perspectivas, y tengo un plan para seguir creciendo.

7. Recuerda que los aprendices sobrepasan a los instruidos. Eric Hoffer enfatizó la importancia de seguir aprendiendo cuando escribió: "En tiempos de cambio, los aprendices heredan la tierra, mientras que los instruidos se consideran muy bien equipados para tratar con un mundo que ya no existe". Una persona con una licenciatura que no ha seguido creciendo es un "instruido"; una persona con el título de secundaria que sigue creciendo y desarrollándose puede sobrepasar a ese licenciado. Puede que yo tenga un título universitario en ciencias de la computación, pero si no estoy al día en mi campo, solo soy un instruido, y a menos que sea un aprendiz activo, mi título no valdrá de mucho; tan solo se ve bonito en un currículum.

8. Está contento de ser una obra en construcción. No estoy donde estaba ayer, y no estoy donde estaré mañana; soy una obra en construcción. Esa es una perspectiva muy saludable. Con esta perspectiva, si me corriges en algo hoy no me creará resentimiento; tan solo lo consideraré parte del proceso de crecimiento.

9. No olvides disfrutar el viaje. ¿Alguna vez has oído a los niños en un viaje largo preguntar: "¿Ya hemos llegado?". Sus padres pacientemente les animan a que encuentren formas de divertirse en el viaje. Pero ¿qué hay de nosotros? ¿Estamos *nosotros* disfrutando del viaje? ¿Nos estamos divirtiendo, o estamos obsesionados con nuestro destino? Con la perspectiva correcta, no dejaremos que los errores nos abatan. Sabemos que no tenemos que tenerlo todo solucionado; no siempre tenemos que tener todas las respuestas porque somos una obra en construcción. No hay errores si hemos aprendido algo en el proceso.

> **NO HAY ERRORES SI HEMOS APRENDIDO ALGO EN EL PROCESO.**

10. Hazte las siguientes preguntas al final de cada día:

- ¿Qué aprendí hoy? (¿Qué habló a mi corazón y también a mi mente?)

- ¿Cómo crecí hoy? (¿Qué tocó mi corazón y afectó mis acciones?)

- ¿Qué voy a hacer de otra forma mañana? (A menos que puedas decirme qué piensas hacer de otra forma, no habrás aprendido nada. No hay errores si has aprendido algo en el proceso).

Si te llamara al final del día y te preguntara cómo te fue el día, ¿qué dirías? Estas tres preguntas no solo te dan algo que añadir a tu plan de desarrollo personal diariamente, sino que también te darán nuevas perspectivas y un crecimiento continuo en tu vida.

Obtener nuevas perspectivas no es algo que te vaya a ocurrir, pues no caen del cielo. Tienes que hacer que sucedan creando las condiciones apropiadas y poniéndote en situaciones que llevarán al crecimiento. Al trabajar diariamente con estas herramientas te situarás en la carretera correcta: la carretera hacia las nuevas perspectivas.

PUNTOS DE ENSEÑANZA

1. Las nuevas perspectivas son valiosas en el mundo empresarial, y aportan crecimiento dentro de las organizaciones.

2. Obtener nuevas perspectivas conlleva obligarnos a pensar de maneras nuevas.

3. Para conseguir una nueva perspectiva, deberíamos ser conscientes de los seis orígenes principales de la perspectiva: familia, amigos, enemigos, cultura, educación y sabiduría antigua.

    a. La familia nos da nuestros valores centrales, prejuicios, temores, inclinaciones y preferencias.

b. Nuestros amigos nos dan perspectivas influenciadas por sus propias familias.

c. Al "mantener a nuestros amigos cerca y a nuestros enemigos más cerca aún", nuestros enemigos nos ayudan a desarrollar una nueva perspectiva.

d. Nuestra cultura también nos ofrece perspectiva.

e. La educación proporciona perspectiva, dándonos otras formas de pensar acerca de los asuntos.

f. Nuestra perspectiva también se forma con la sabiduría antigua incrustada en nuestro subconsciente.

4. Ser consciente de los límites de nuestro pensamiento nos ayuda a traspasarlos proactivamente para entrar en nuevas perspectivas.

5. Nuestras creencias influyen mucho en nuestra capacidad de desarrollar una nueva perspectiva.

6. En vez de desarrollar un espíritu independiente, intentando sobresalir en cada área, los líderes deberían ser interdependientes, rodeándose de personas que tengan fortalezas complementarias.

7. Para estar saludables, los líderes tienen que ser transdependientes, al estar conectados con los que están donde ellos estaban, con los que están donde ellos están y con los que están donde ellos quieren estar.

8. Las investigaciones demuestran que los líderes con una mezcla de "humildad personal extrema" y

"voluntad profesional intensa" son el componente crítico en todas las organizaciones de alto desempeño.

9. Los líderes encuentran nueva perspectiva conectándose con otras personas.

10. Los líderes humildes valoran y solicitan las perspectivas de otros.

11. Usa las siguientes diez herramientas para ayudar a obtener una nueva perspectiva:

    a. Hazte las preguntas de "Peter Drucker":

        i. ¿Cuál esa nuestra misión?

        ii. ¿Quién es nuestro cliente?

        iii. ¿Qué valora nuestro cliente?

        iv. ¿Cuál es nuestro plan?

        v. ¿Cuáles son nuestros resultados?

    b. Evalúa regularmente lo que ofreces, ya que cambia con el tiempo.

    c. Ofrece lo que eres, no lo que haces.

    d. Evita la crisis recertificándote anualmente.

    e. Comprométete con un plan de desarrollo personal (PDP) escrito.

    f. Disciplinas personales, como manejar los contactos personales, leer mucho, y crecer intencionalmente, son *el* factor determinante del éxito de un líder.

g. Recuerda que los aprendices sobrepasan a los instruidos.

h. Está contento con ser una obra en construcción.

i. No olvides disfrutar el viaje.

j. Al final de cada día, enfócate en lo que has aprendido, en cómo has crecido, y en lo que harás de otra forma mañana.

4: NUEVAS PERSPECTIVAS

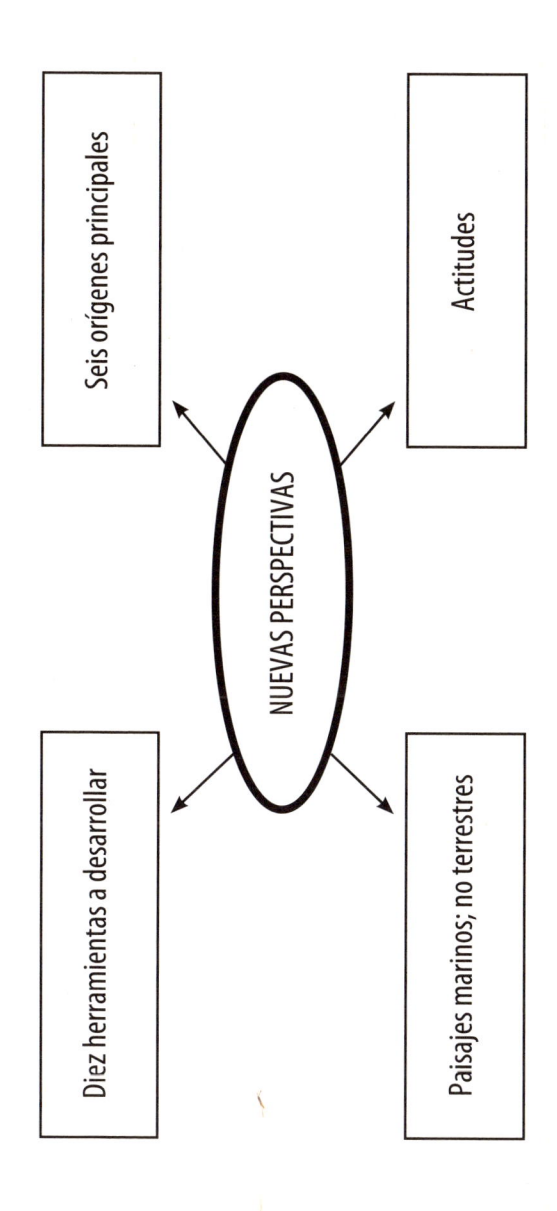

```
                Seis orígenes principales
                           ↑
    Diez herramientas  ←  NUEVAS  →  Actitudes
      a desarrollar      PERSPECTIVAS
                           ↓
              Paisajes marinos; no terrestres
```

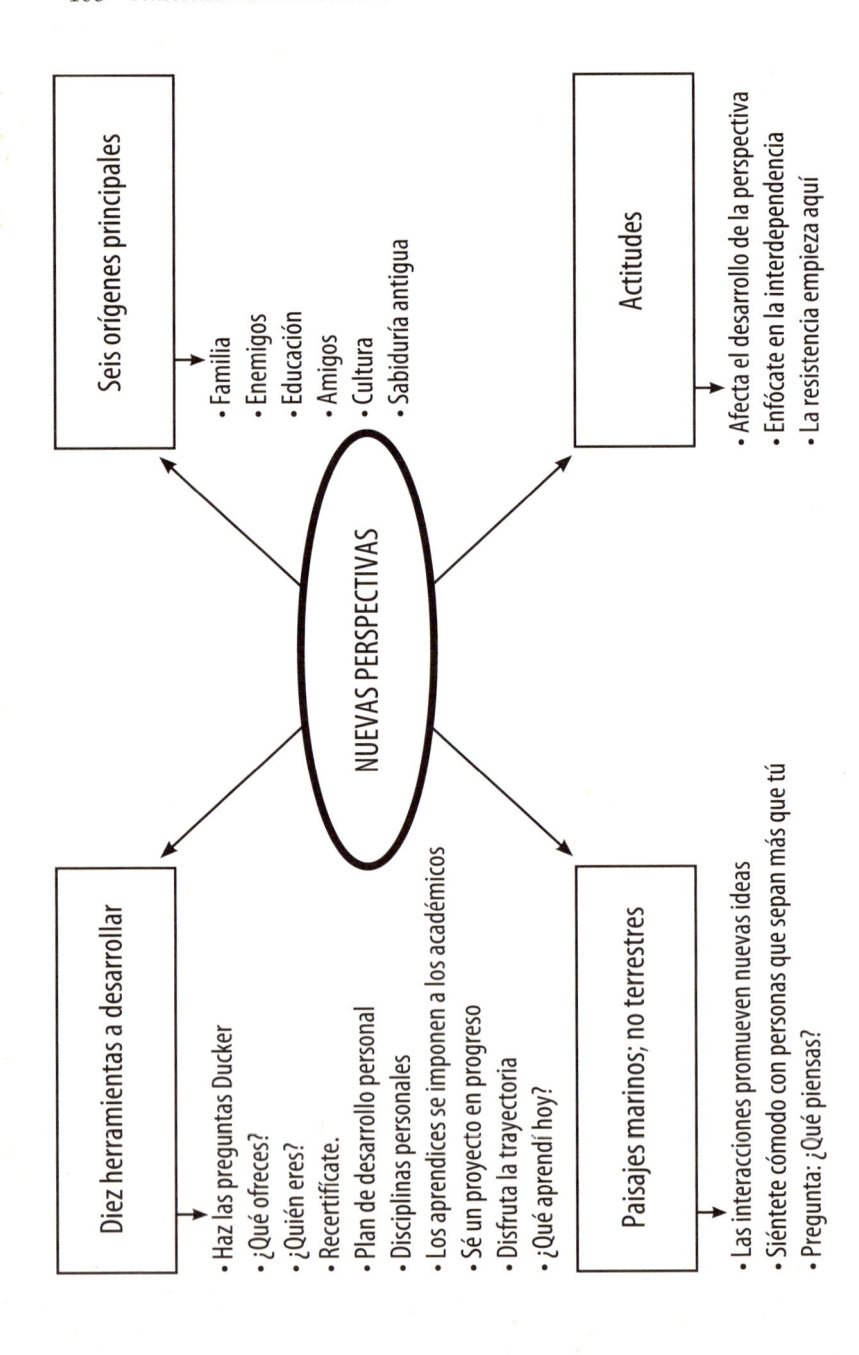

Seis orígenes principales
- Familia
- Enemigos
- Educación
- Amigos
- Cultura
- Sabiduría antigua

Actitudes
- Afecta el desarrollo de la perspectiva
- Enfócate en la interdependencia
- La resistencia empieza aquí

NUEVAS PERSPECTIVAS

Diez herramientas a desarrollar
- Haz las preguntas Ducker
- ¿Qué ofreces?
- ¿Quién eres?
- Recertifícate.
- Plan de desarrollo personal
- Disciplinas personales
- Los aprendices se imponen a los académicos
- Sé un proyecto en progreso
- Disfruta la trayectoria
- ¿Qué aprendí hoy?

Paisajes marinos; no terrestres
- Las interacciones promueven nuevas ideas
- Siéntete cómodo con personas que sepan más que tú
- Pregunta: ¿Qué piensas?

5

NUEVAS PRIORIDADES

"Seguramente no hay nada tan inútil como hacer con gran eficacia lo que no había que hacer".[15] —Peter Drucker

Sentado en el taller de su garaje viendo las virutas de madera caer del borde de su cuchillo, Pablo sentía que comenzaba a relajarse, pero a medida que lo hacía sus pensamientos regresaban al problema que tenía en su empresa de *software*.

A pesar del éxito económico de la empresa, Pablo instintivamente sentía que intentaba hacer demasiadas cosas. Después de su temprano éxito creando gráficos para juegos de computadora, se expandieron y comenzaron a crear secuencias de animación para páginas web y programas de *software*; incluso habían lanzado su propio juego para computadora, el cual había logrado cierto reconocimiento en la industria.

---

15. Peter F. Drucker, "Managing for Business Effectiveness", *Harvard Business Review*, Mayo-Junio 1963, https://hbr.org/1963/05/managing-for-business-effectiveness.

Pablo se preguntaba cómo estas actividades podrían encajar con la visión de su empresa, que era ser el proveedor preferido de gráficos para la industria de los juegos de computadora. Siempre había pensado que diversificarse era bueno, ya que eso producía más ingresos. Mirando fijamente al formón que tenía en su mano, Pablo pensaba en que afilar sus herramientas para esculpir madera con un borde fino mejoraba su desempeño, y se preguntaba qué ajustes podía hacer para obtener el mismo desempeño mejorado en su organización.

Si eres de la generación de los *Baby Boomers* como yo, probablemente estés pensando en hacer recortes en tu vida. Como generación, estamos examinando nuestras propias experiencias, y deshaciéndonos de todo lo que no sea esencial. Nadie quiere trabajar tanto cuando tiene sesenta años que cuando tenía cuarenta, pero todos quieren tener una mayor influencia a los sesenta que a los cuarenta. Para que eso ocurra, una persona debe enfocar su actividad; debe afilarla con un borde fino.

Los líderes en esta etapa de la vida afilan o enfocan sus esfuerzos en formas distintas. Un pastor quizás deje de pastorear a tiempo completo, por ejemplo, y usa su experiencia de cuidado pastoral para dar consultoría a otros pastores. Dependiendo del trasfondo de la persona, quizás se convierta en parte de una empresa de administración, y recaude fondos para iglesias. Yo limito mi enfoque a una cosa, liderazgo, y uso tres sistemas de entrega: consultas, conferencias y recursos, incluidos libros y CD. Todo lo que hago tiene que ver con equipar a líderes. Esa es mi prioridad.

Enfocarse en las prioridades también es bueno para las organizaciones. Siempre que tu organización se enfoque en unas pocas prioridades esenciales, se hará más fuerte. Peter Drucker describió a las organizaciones como herramientas específicamente diseñadas y creadas para tareas especializadas. Cuanto más especializada sea su tarea, mayor es su fortaleza. Por el contrario, "la diversificación destruye la capacidad de desempeño de una organización",[16] dijo Drucker. Las organizaciones son eficaces solo cuando están muy enfocadas.

> SIEMPRE QUE TU ORGANIZACIÓN SE ENFOQUE EN UNAS POCAS PRIORIDADES ESENCIALES, SE HARÁ MÁS FUERTE.

Enfocar tus prioridades te da impulso y energía. El apóstol Pablo entendió el poder de las pocas cosas esenciales cuando escribió: *"pero una cosa hago…"* (Filipenses 3:13 RVR 1960). Su prioridad era predicar a los gentiles, así como la prioridad de Pedro era predicar a los judíos.

La mayoría estamos familiarizados con el poder de estar enfocado en unas pocas prioridades esenciales. Por ejemplo, si estuviera visitando tu ciudad y decidiéramos salir a cenar un buen filete, ¿a dónde me llevarías? Es probable que no me llevarías a cualquier restaurante del barrio. Cuando pensaras en dónde llevarme, probablemente pensarías en un restaurante especializado en carne, un lugar que se enfoque solo en cocinar filetes. No pensarías en ir a cualquier sitio que sirva

---

16. Peter F. Drucker, "The New Society of Organizations", *Harvard Business Review*, Septiembre-Octubre 1992, https://hbr.org/1992/09/the-new-society-of-organizations.

desayunos, donde puedes pedir hígado y cebolla, espagueti, y cualquier otra cosa que quieras. Intuitivamente reconoces que cuanto mejor es alguien, menos cosas ofrece.

Cumplir tu visión requiere que te enfoques en unas pocas prioridades esenciales. Tienes que trabajar de forma más inteligente, no más dura. Conseguir ese enfoque crítico conlleva responder a tres preguntas importantes:

- ¿Cuáles son mis prioridades?
- ¿Cómo debería implementar estas prioridades?
- ¿Cómo puedo comunicar eficazmente mis prioridades dentro de mi organización?

ENCONTRAR LOS POCOS ESENCIALES

Para definir tus prioridades, comienza examinando tu visión. Tu visión y tus prioridades siempre estarán íntimamente unidas, y eso se debe a que tu visión es la fuente de tus prioridades; te aporta el contexto necesario, y te ayuda a definir tus prioridades.

TU VISIÓN ES LA FUENTE DE TUS PRIORIDADES.

Por ejemplo, mi propia visión es empoderar a líderes. Mi página web explica que mi visión es crear una cultura de liderazgo, ayudar a otros a tener éxito, y desarrollar líderes que produzcan otros líderes. Esa visión me aporta un contexto para cuáles deberían ser y no ser mis prioridades. Por ejemplo, mis prioridades no deberían ser enfocarme en la alabanza y la adoración, la teología o el crecimiento de la iglesia; deberían girar en torno al liderazgo. Eso no significa que no vaya a tener influencia en esas otras áreas. Siempre se producirá un poco de solapamiento, pero mi enfoque principal es el liderazgo.

Cuando tu visión proporcione el contexto para tus prioridades, descubrirás que es mucho más fácil tomar decisiones. Por ejemplo, digamos que tengo dos oportunidades para dar una charla, pero ambas son el mismo día. Tengo que decidir si predicar ante una audiencia de 10.000 personas o ante una audiencia de 100 líderes. Ni siquiera tengo que pensarlo, ya que mi mente ya tiene una decisión. Como mi visión me da un contexto, me verás en una sala con 100 líderes.

Sin embargo, no cometas el error de pensar que una vez que hayas establecido tus prioridades, quedarán para siempre esculpidas en piedra. Peter Drucker dijo: "Cada producto, decisión y actividad empresarial comienza a quedarse obsoleto en el preciso instante en que comienza".[17] Podemos culpar a los cambios en el mercado, las presiones culturales, o incluso a la tercera ley de la termodinámica, pero es inevitable.

Los líderes eficaces están constantemente reevaluando sus prioridades, revisándolas regularmente para asegurarse de estar enfocados en las actividades correctas. Como mencioné en el capítulo 4, "Nuevas perspectivas", no podemos suponer que solo porque algo esté funcionando hoy, vaya a seguir funcionando mañana. Es importante asegurarse de

---

17. Drucker, "Managing for Business Effectiveness".

que lo que era importante ayer lo siga siendo hoy. No esperes a que las situaciones se deterioren para comenzar a evaluar tus prioridades; adelántate en el juego siendo todo el tiempo consciente del entorno, y evaluando continuamente tus prioridades.

APROVECHA AL MÁXIMO TU TIEMPO AGENDANDO TUS PRIORIDADES EN LUGAR DE PRIORIZANDO TU AGENDA.

Obviamente, tus prioridades deberían afectar a la manera en que inviertes tu tiempo. Es importante que aproveches al máximo tu tiempo *agendando tus prioridades* en lugar de *priorizando tu agenda*. Cuando priorizas tu agenda, simplemente miras tus prioridades, y evalúas cuál es la más importante; pero cuando agendas tus prioridades, dedicas tiempo proactivamente a cada prioridad, y eso te asegura que dedicarás tiempo a lo que es más importante para ti, y te ayudará a alcanzar tu visión.

PON TUS PRIORIDADES A TRABAJAR

Una vez que decides tus prioridades, es importante desarrollar un plan estratégico para implementarlas, pues eso te ayudará a asegurarte de que tus prioridades concuerden con la visión de tu organización. Por ejemplo, si estuvieras desarrollando prioridades para el Hotel Ritz-Carlton, te asegurarías de que cada prioridad reflejara la visión del hotel de proporcionar un servicio al cliente estelar para todos sus inquilinos.

Desarrollar un plan estratégico para implementar tus prioridades conlleva responder a varias preguntas:

- ¿Cómo refleja esta prioridad nuestra visión?
- ¿De qué formas concretas podemos implementar esta prioridad?
- ¿Quién será el responsable de estas actividades?
- ¿Cuál es el marco de tiempo establecido para lograr esta prioridad?
- ¿Tenemos los recursos, como finanzas, personal e instalaciones, para acometer esto ahora mismo?
- ¿Cómo mediremos el éxito?

Tus respuestas a estas preguntas se encargarán de que tu visión, misión, valores y prioridades estén todas propiamente alineadas. En mi libro *¿Qué Mueve tu Escalera?* llamo a esta alineación "congruencia organizacional". La congruencia organizacional proporciona enfoque, energía y pasión.

Tú sabes a dónde vas, a dónde *no* vas, cómo llegar allí y cuándo llegar.

Siempre que implementes nuevas prioridades, tendrás que enfrentarte a varios obstáculos. Sería magnífico si pudieras de forma inmediata adoptar, planificar y ejecutar nuevas prioridades,

LA CONGRUENCIA ORGANIZACIONAL PROPORCIONA ENFOQUE, ENERGÍA Y PASIÓN.

pero eso raras veces ocurre. Las organizaciones están compuestas por personas, y las personas no manejan muy bien el cambio instantáneo. Necesitan tiempo para hacer la transición, así que tendrás que ayudarles a hacer las adaptaciones emocionales, psicológicas y relacionales que sean necesarias.

No siempre es sabio o posible desconectarse por completo de las viejas prioridades cuando emergen otras nuevas. Si tu nueva prioridad conlleva proporcionar un nuevo servicio o entrar en un nuevo mercado, quizás no deberías, o no puedas, dejar de ofrecer tus otros productos o desconectarte de otros mercados. Tu personal quizás tenga vínculos emocionales con productos y servicios a los que se habían acostumbrado, o puede que también tengan reservas con respecto a competir en un mercado nuevo. Por estas y muchas otras razones, lo mejor es planificar las transiciones.

Cuando me preparaba para dimitir como presidente del Instituto Bíblico Beulah Heights, pasé mucho tiempo planificando la transición. Me reuní con los miembros del consejo de forma individual, y les expliqué lo que iba a hacer y por qué. Consulté con líderes de mucha influencia, quienes también habían pasado por grandes transiciones, y formé a un sucesor. El punto es: no podía desconectar de inmediato de las antiguas prioridades; tenía que preparar un plan de transición. Tenía que desconectarme de las viejas prioridades sin descartarlas por completo, mientras también avanzaba hacia mis nuevas prioridades.

Otro reto común a la hora de implementar las prioridades es protegerte de personas con buenas intenciones que quieren imponerte sus prioridades. Las personas siempre tienen sugerencias útiles, así que debes apegarte a tus prioridades, y ser firme en tu decisión para que las veas cumplirse. Esta firmeza te ayudará a tratar diplomáticamente las distracciones.

Rick Warren dice que siempre se encuentra con personas que sugieren que la iglesia Saddleback adopte prácticas de su última iglesia. Le dicen: "En nuestra antigua iglesia, esto lo hacíamos así…". Él dice que siempre se pregunta cómo poder informarles educadamente que Saddleback tiene su propia visión. Rick Warren entiende la importancia de ser fiel a la visión y las prioridades que Dios le ha dado.

> OTRO RETO ES PROTEGERTE DE PERSONAS CON BUENAS INTENCIONES QUE QUIEREN IMPONERTE SUS PRIORIDADES.

Eso no quiere decir que las personas no aporten sugerencias valiosas y que no debas considerarlas, y no es bueno que no fomentes la aportación de ideas. Tan solo tienes que asegurarte de que las sugerencias de otros encajen con tu visión, no extiendan en exceso tus recursos, y que no te las impongan. Tus prioridades deben nacer de tu visión.

Cuando conoces tu destino, tu propósito y las prioridades que Dios te ha dado, sabes qué tienes que hacer, aquello para lo que naciste, lo cual te facilita seguir enfocado e impedir que otras personas, aunque sea con buenas intenciones, te impidan escoger o cambiar tus prioridades.

COMUNICAR LAS PRIORIDADES A OTROS

> **LAS PERSONAS NO ENTENDERÁN LA SOLUCIÓN HASTA QUE NO ENTIENDAN EL PROBLEMA.**

Si quieres que las personas apoyen las prioridades de la organización y las hagan suyas, primero tendrás que venderles la visión. El destacado experto en cambio y transición organizacional William Bridges dijo que las personas no entenderán la solución que propones (tu visión y tus prioridades) hasta que no entiendan el problema. Es tarea del líder explicar lo que tiene que suceder y por qué.

Hacer que las personas conecten con tu visión y tus prioridades conlleva algo más que hacer un anuncio, o tener una reunión o dos para hablar de ellas. Tienes que comunicar de manera persuasiva; tienes que venderles tu visión del mismo modo que se la venderías a los inversores. Tienes que lanzar tu visión del mismo modo que lanzarías un hilo para pescar un pez.

Hacer que las personas se conecten con una visión y con prioridades se conoce como el arte de lanzar la visión. Para lanzar eficazmente tu visión:

- *Que sea simple.* Expresa tu visión y tus prioridades en términos que las personas entiendan. Mantenla todo lo simple que puedas; cuanto más simple, mejor. Usa frases cortas y palabras cortas, pues realmente estás buscando hacerla digerible.

- *Hazla memorable.* Haz que la visión sea fácil de recordar. Mi visión, por ejemplo, es ayudar a otros a tener éxito. Tu visión debería ser lo suficientemente corta como para caber en una camiseta. Si no cabe, las personas no la recordarán.

- *Mantén una visión estable.* Con el tiempo, tu visión y tus prioridades se ampliarán, pero su esencia no debería cambiar. Si cambias tu visión continuamente, los que la apoyan se confundirán.

- *Sé paciente.* Lo más importante es que cuando establezcas nuevas prioridades, les des a las personas tiempo para entenderlas. Recuerda que cuando revelamos nuevas prioridades a nuestra organización, ya hemos estado viviendo con ellas durante un tiempo. Nosotros hemos tenido tiempo para conectar con ellas, y se han convertido en parte de nosotros. Demasiados líderes cometen el error de pensar que las personas deberían embarcarse en nuestra visión tras unas pocas reuniones del equipo de trabajo. No funciona tan rápidamente. Tu equipo está comenzando su propio viaje con esas nuevas prioridades, así que sé paciente con ellos, y siempre proponte encontrar formas de ayudarles a aclimatarse al cambio.

Un ejemplo de una organización que se está dando cuenta del beneficio de que las personas conecten con su visión y sus prioridades es la minorista en la web, Amazon. Su visión está enfocada en crear la empresa más centrada en el cliente del mundo, donde las personas pueden encontrar y comprar todo en línea.

Según el Principal Oficial Ejecutivo, Jeff Bezos, una de las prioridades de Amazon es conservar dinero para las cosas que importan.[18] Todos los escritorios de los empleados, incluso los de los ejecutivos, están construidos según el modelo que Bezos mismo construyó cuando comenzó la empresa, con una puerta, unos soportes de metal y tablas de 5 x 10 centímetros. ¡Esa es una forma creativa de comunicar a las personas una prioridad!

Algunas de las decisiones de negocios de Amazon parecen arriesgadas. Si alguna vez has visitado la página web, sabrás que las personas a menudo escriben reseñas en línea de sus productos y, en algunos casos, las reseñas son bastante negativas. Bezos dice que cuando comenzaron a permitir que los clientes escribieran reseñas, las personas le dijeron que no entendían mucho de negocios, pero en su mente, sin embargo, permitir que las personas escriban reseñas en línea era cumplir la visión de Amazon, porque ayudaba a los clientes a la hora de tomar decisiones de compra.

¿Sabías que Amazon incluso advierte a sus clientes cuando están a punto de comprar un producto que ya han comprado en su página? Esto podría parecer como otro ejemplo de poco sentido del negocio para muchas empresas, pero se alinea perfectamente con la visión centrada en el cliente de Amazon.

Como Amazon, puedes encontrar fortaleza enfocando tu energía solo en unas pocas prioridades esenciales.

---

18. Alan Deutschman, "Inside the Mind of Jeff Bezos", *Fast Company*, 1 de agosto de 2004, https://www.fastcompany.com/50541/inside-mind-jeff-bezos.

PUNTOS DE ENSEÑANZA

1. Menos prioridades conducen a un mayor impacto.

2. Una organización enfocada es fuerte, mientras que la diversificación destruye su capacidad de desempeño.

3. Cuanto mejores somos, menos cosas hacemos.

4. Para establecer enfoque, deberíamos preguntarnos: "¿Cuáles son nuestras prioridades?", "¿Cómo deberíamos implementarlas?" y "¿Cómo podemos comunicarlas eficazmente dentro de nuestra organización?".

5. Para descubrir nuestras prioridades deberíamos examinar nuestra visión, que es la fuente y el contexto de nuestras prioridades.

6. Conocer nuestras prioridades simplifica la toma de decisiones.

7. Deberíamos reevaluar regularmente nuestras prioridades para asegurarnos de tener el enfoque apropiado, en vez de esperar a que las situaciones empeoren.

8. Deberíamos agendar nuestras prioridades en lugar de priorizar nuestra agenda, dedicando tiempo a lo que es importante.

9. Podemos desarrollar un plan estratégico preguntándonos:

    a. ¿Cómo respalda esta prioridad nuestra visión?

b. ¿De qué formas concretas podemos implementar estar prioridad?

c. ¿Quién será el responsable de estas actividades?

d. ¿En qué marco de tiempo tenemos que conseguir esta prioridad?

e. ¿Tenemos los recursos necesarios como finanzas, personal, e instalaciones, para llevar esto a cabo en este momento?

f. ¿Cómo mediremos el éxito?

10. La congruencia organizacional se logra cuando nuestra visión, valores y prioridades están alineados.

11. Debemos ayudar a las personas de nuestra organización a realizar las adaptaciones emocionales, psicológicas y relacionales necesarias que son parte de la transición hacia las nuevas prioridades.

12. No siempre es sabio o posible desconectar por completo de las viejas prioridades cuando emergen las nuevas. En cambio, debemos planificar las transiciones.

13. Debemos guardarnos de que otros no nos impongan sus prioridades.

14. Las personas no entenderán la solución hasta que no haya entendido el problema.

15. A la hora de comunicar las prioridades, recuerda que debemos vender nuestra visión.

16. Cuando lancemos nuestra visión, deberíamos mantenerla simple, memorable y estable. Y ser pacientes.

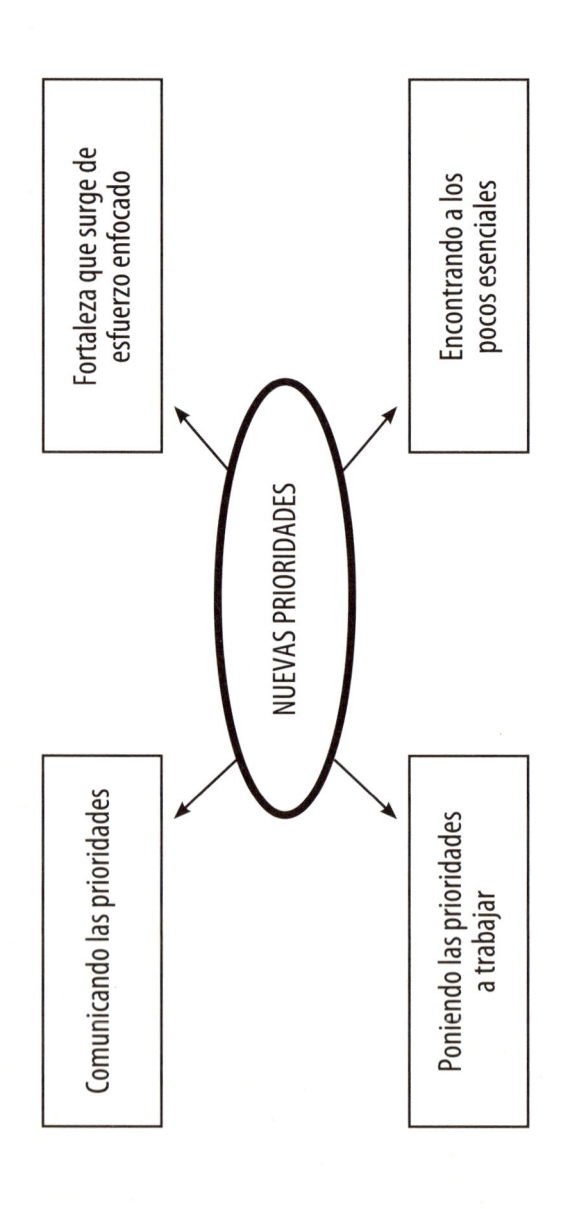

```
                    Fortaleza que surge de          Encontrando a los
                    esfuerzo enfocado               pocos esenciales

                                    ↖    ↗
                                 ( NUEVAS PRIORIDADES )
                                    ↙    ↘

                    Comunicando las prioridades     Poniendo las prioridades
                                                    a trabajar
```

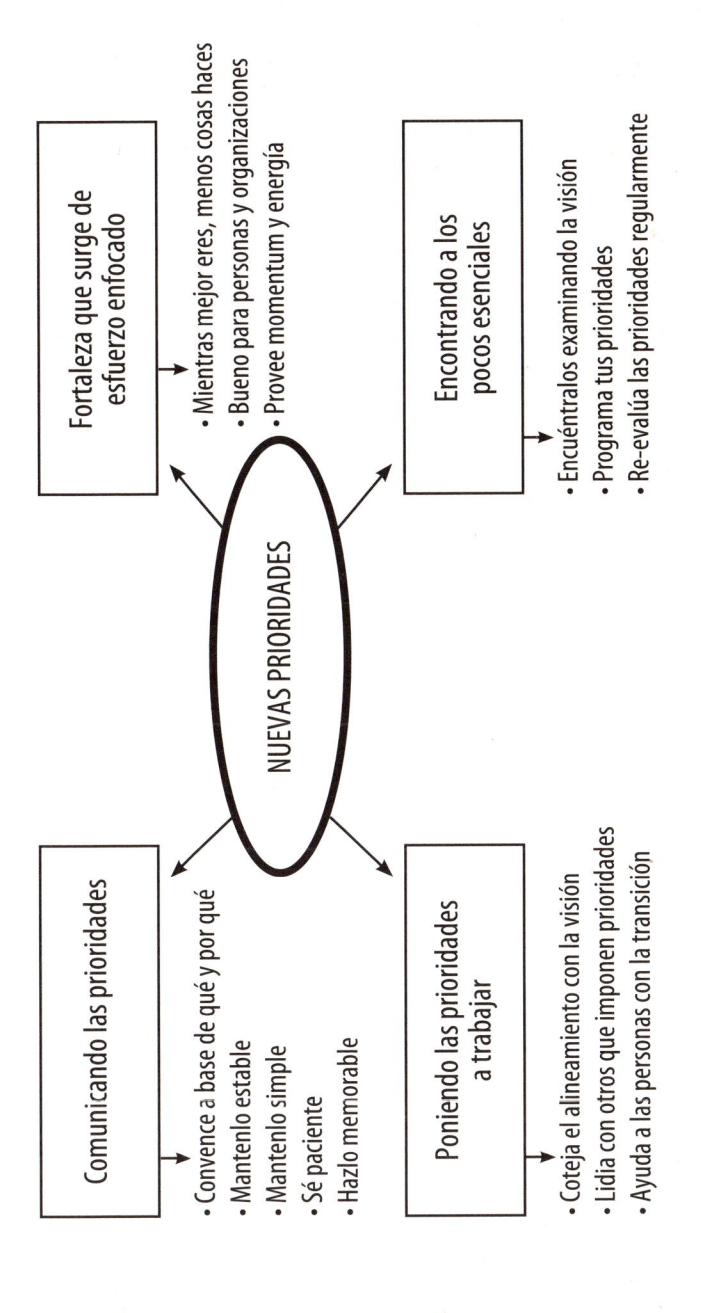

5: NUEVAS PRIORIDADES 123

NUEVAS PRIORIDADES

Fortaleza que surge de esfuerzo enfocado
- Mientras mejor eres, menos cosas haces
- Bueno para personas y organizaciones
- Provee momentum y energía

Encontrando a los pocos esenciales
- Encuéntralos examinando la visión
- Programa tus prioridades
- Re-evalúa las prioridades regularmente

Comunicando las prioridades
- Convence a base de qué y por qué
- Mantenlo estable
- Mantenlo simple
- Sé paciente
- Hazlo memorable

Poniendo las prioridades a trabajar
- Coteja el alineamiento con la visión
- Lidia con otros que imponen prioridades
- Ayuda a las personas con la transición

6

NUEVAS PASIONES

"Todo tiene su momento oportuno; hay un tiempo para todo lo que se hace bajo el cielo". —Eclesiastés 3:1

Jake realmente no estaba enfermo; tan solo no podía hacer frente a otro día de largas reuniones, llamadas telefónicas y sesiones de planificación. De camino al campo de golf comenzó a sentirse culpable, pensando que se estaba comportando más como un estudiante que falta a clase, que como el pastor principal de una iglesia creciente.

Si ese hubiera sido el único día que hacía eso, quizás no se sentiría así, pero la necesidad cada vez mayor de Jake de tener tiempo libre espontáneo, largos períodos de soñar despierto, y la pérdida de enfoque estaban comenzando a preocuparle. A pesar de las vacaciones de dos semanas, él seguía igual de inquieto y preocupado. ¿Era agotamiento o la crisis de los cuarenta?

Jake sacó sus palos de golf del maletero del auto, los puso en el suelo, y miró fijamente al club de golf con las manos en los bolsillos. Siempre había pensado que la consejería era para almas más débiles sin metas ni propósito. ¿Estaba equivocado?

Perdido en sus pensamientos, no se dio cuenta ni oyó al aparcacoches que tiró suevamente de la manga de Jake.

Puede que te resulte difícil imaginarte esto ahora, especialmente si estás en las etapas tempranas del cumplimiento de tu visión, pero a medida que continúe tu viaje quizás descubras que los sueños y visiones que antes te impulsaban comienzan a perder su lustre. De hecho, puede que algún día se conviertan en una rutina, algo inclusive aburrido.

Quizás solo de pensarlo, muevas tu cabeza extrañado. No te imaginas sintiéndote menos realizado, y mucho menos aburrido con lo que estás haciendo. Pero sucede; y cuando ocurre, es importante que recuerdes que es totalmente natural.

O quizás estás experimentando ese cambio ahora mismo, diciendo: "Sí, ese soy yo".

Cuando mi propia visión comenzó a perder su lustre, yo no estaba seguro del porqué. Respondí a ello manteniéndome aún más ocupado, buceando en mis obligaciones como presidente del Instituto Bíblico Beulah Heights con un compromiso renovado. Sin embargo, por mucho que lo intentaba, el aburrimiento, los sentimientos de que ya había hecho todo eso antes, y la sensación de que no había nuevas montañas qué escalar no se iban. Pensé que me pasaba algo, y tardé tiempo en aprender que lo que estaba experimentando era bastante normal.

Ningún líder, ni siquiera Bill Gates, está exento de estos cambios en la pasión. Cuando Gates comenzó Microsoft, su pasión por su trabajo era evidente siempre que hablaba. Sin embargo, habla hoy con él, y puede que te sorprendas de descubrir que su pasión ha cambiado. Eso es exactamente lo que un periodista de la revista *New York* descubrió mientras escuchaba hablar a Gates poco después de dejar su puesto como Principal Oficial Ejecutivo de Microsoft para dirigir la Fundación Gates. Estaba claro para todos los asistentes en el auditorio que el *software* ya no sacaba lo mejor de Gates como lo hacía su trabajo en la fundación. Las preguntas tecnológicas las respondía rápidamente, sin pasión, mientras que las preguntas sobre la salud global suscitaban largas disquisiciones llenas de detalle y emoción. Su forma de hablar sobre erradicar la malaria era la forma en que solía hablar sobre limpiar *Netscape*.[19]

¡Eso sí es un cambio de pasión!

Es típico de los líderes visionarios incomodarse con el estatus quo. A menudo son líderes ejemplares cuando se trata de revivir una empresa moribunda o lanzar un esfuerzo nuevo, pero no están equipados para dirigir sus

> **ES TÍPICO DE LOS LÍDERES VISIONARIOS INCOMODARSE CON EL ESTATUS QUO.**

---

19. John Heilemann, "The Softening of a Software Man", *New York*, 9 de enero de 2006, http://nymag.com/nymetro/news/comumns/powergrid/15456/index1.html.

operaciones diarias durante un periodo largo de tiempo. Pon un visionario en un entorno operativo durante mucho tiempo, y cada vez estará más intranquilo y aburrido, listo para otro reto.

Peter Cuneo, vicepresidente, expresidente y Principal Oficial Ejecutivo de Marvel Entertainment, describió bastante bien los límites de este talento: "A menudo, los que somos del tipo 'cambio de rumbo' no somos los más indicados para dirigir una máquina bien engrasada. Por lo general, yo estoy tres o cuatro años, y después avanzo".[20] No es de extrañar que Cuneo sea conocido por realizar giros exitosos en siete empresas de productos de consumo, incluyendo Clairol, Black & Decker, Remington y Marvel. Es consciente de su don, y escucha a la voz interior de su propia pasión.

Recuerda que no pasa nada porque un líder visionario no se emocione cuando ha llegado hasta donde su don se lo permite, porque quiera irse cuando a la empresa le esté yendo bien. Lo difícil es saber cuándo te está ocurriendo a ti. Como dice la canción: "Has de saber cuándo sujetarlos, saber cuándo soltarlos".[21]

NAVEGAR POR EL CAMBIO DE PASIÓN

Las leyendas sobre Alejandro Magno dicen que cuando supo que había conquistado todo el mundo conocido, se sentó y lloró porque no había más montañas que pudiese escalar. Quizás sea eso lo que tú estás sintiendo.

---

20. Julia Hanna, "Mr. Superhero", *HBS Alumni Bulletin*, vol. 81, no. 4, diciembre de 2005, http://hbswk.hbs.edu/archive/5149.html.
21. Kenny Rogers, "The Gambler", 1978.

Como describí en mi libro *¿Quién mueve tu escalera?*, cuando era el presidente del Instituto Bíblico Beulah Heights, me levanté temprano una mañana pensando en mi agenda para ese día, y quería llamar diciendo que estaba enfermo. Había trabajado mucho para conseguir una universidad exitosa, y los eventos llenaban mi calendario cada día, pero ahí estaba yo, luchando contra el aburrimiento y la intranquilidad. Fue un tiempo difícil.

Durante los meses que pasé navegando por mi cambio de pasión, aprendí algunos principios que quizás te sean útiles en tu propio viaje. Navegar por el cambio de pasión es más fácil cuando puedes...

+ Admitir que las cosas han cambiado.

+ Reaccionar al buen descontento.

+ Salir con una nota alta.

Admitir que las cosas han cambiado. Esto suena demasiado simple hasta para decirlo; sin embargo, los visionarios tienen que aprender a frenar y a escucharse a sí mismos. No siempre es fácil para nosotros. Navegar por mis pasiones cambiantes comenzó cuando pude admitir que estaba teniendo un problema. No era la escuela la que tenía el problema; el problema era yo, ¡Sam Chand! Tuve que admitir que iba a la deriva, que estaba aburrido, que las cosas que solían emocionarme ya no lo hacían. Mi vida se había convertido en una rutina, algo que sentía que podía hacer durmiendo.

A muchos líderes les cuesta admitir esto, especialmente si son visionarios, ya que no quieren verse a sí mismos siguiendo por inercia, o detenidos. Nos decimos que estamos cansados, agotados o que tenemos que recargar las pilas. Siempre queremos ir a algún sitio, así que llenamos nuestra agenda, estando cada vez más y más ocupados; pero la actividad no siempre es progreso.

> **LA ACTIVIDAD NO SIEMPRE ES PROGRESO.**

Dedica un tiempo a analizar lo que está ocurriendo dentro de ti. Hacer caso omiso de forma continua a tus sentimientos puede tener repercusiones negativas; puede llevarte al desánimo o a una depresión, lo cual afectará tanto tu toma de decisiones como tus relaciones.

Reaccionar al buen descontento. Es fácil identificar algo que *no* es buen descontento. Por ejemplo, algunos líderes se mudan para evitar lidiar con problemas. Actúan en base a la naturaleza humana, no al buen descontento. Por eso siempre aconsejo a los líderes que eviten hacer una transición de alto nivel antes de comprobar la salud de su organización. Los líderes siempre deberían asegurarse de no estar evitando lidiar con algunos asuntos difíciles.

Otros suponen que sus sentimientos de inquietud surgen porque han llegado al nivel de su incompetencia; se chocan contra un muro y creen que ya no pueden hacer un trabajo adecuado. Avanzar no es la respuesta, porque solo estarán evitando lidiar con problemas de su propio crecimiento personal. Si les falta aptitud en cierta área, como la capacidad de relacionarse con ciertos tipos de personas, eso les seguirá dondequiera que vayan. Deben solucionarlo.

Un líder que reacciona al buen descontento quiere lo mejor para sí mismo y su organización. Si decide avanzar, no engañará a nadie; si se queda, creará crecimiento para él y para su organización. El buen descontento empuja a los líderes a solucionar los retos del día para así estar preparados para otros nuevos.

Salir con una nota alta. Cuando dejé la universidad, pude decir que logré todas las metas y retos que encontré. Me fui con una nota alta al comunicar mi intención al consejo, preparar un sucesor para asegurar que continuase el éxito de la organización, y mantener una actitud positiva.

No hay nada que ganar si quemas tus puentes cuando te vas, pues nunca sabes cuándo necesitarás algo de tu antigua organización. No uses tus últimos días para desahogar tu enojo o insatisfacción, sino resuelve los problemas antes de irte, y vete con una sonrisa en tu rostro. Decidir avanzar es siempre difícil, pero desahogar los sentimientos negativos tan solo hace que todo sea más difícil para todos.

Al margen de lo difícil que pueda ser, mantente enfocado en lo positivo. Aunque soy una persona optimista, encontré más faltas en mis últimos meses en la universidad que en los catorce años previos juntos, y tuve que preguntarme por qué estaba ocurriendo eso. Llegué a la conclusión de que fue porque en mi subconsciente tenía que convencerme de que estaba tomando la decisión correcta. Seguí diciéndome que no me estaba yendo porque pasara nada, sino porque estaba listo para el siguiente paso en mi propia vida.

DESCUBRIR NUEVAS PASIONES

Hay muchos libros escritos para ayudar a la gente a lidiar con el despido, pero no hay mucho escrito sobre cómo lidiar con las transiciones cuando te va bien, cuando estás teniendo éxito, cuando has conseguido más de lo que podías imaginar. Cuando busqué recursos que me ayudaran durante mi transición, encontré poco que me ayudara a tratar mi decisión y mis problemas.

> ¿QUÉ HACES CUANDO UNA PASIÓN ESTÁ AUMENTANDO Y OTRA ESTÁ DISMINUYENDO?

Entonces ¿qué haces cuando una pasión está aumentando y otra está disminuyendo? Esos tiempos de transición no son cómodos. Hace años, *Fast Company* describía empresarios que estaban haciendo una transición entre trabajos de empresa de largo plazo y dirigir sus propias empresas, y descubrió que "los desertores de empresas admiten que una de las cosas más difíciles [durante la transición] es mantener el mismo nivel de entusiasmo por el trabajo que estás a punto de dejar que por la aventura que estás a punto de empezar".[22]

En mi caso, mi pasión por la consultoría estaba aumentando mientras que mi pasión por dirigir la universidad estaba disminuyendo. Eso perturbó mi equilibrio, pero durante aquel tiempo de transición seguí con ambas cosas, porque

---

22. Michael A. Prospero, "Exit Strategies for Corporate Dropouts", *Fast Company*, 1 de abril de 2005, http://www.fastcompany.com/55401/exit-strategies-corporate-dropouts.

había hecho las paces con los lugares donde estaban mis pasiones.

Descubrir una nueva pasión es también un reto. Algunos líderes descubren su pasión en circunstancias muy lejanas de ser ideales. Cuando Steve Case se retiró poco después de la fusión de Aol-Time Warner, siguió su pasión lanzando una empresa que se enfocaba en proporcionar servicios de cuidado de salud orientados al consumidor, inspirado en parte por el diagnóstico de cáncer de cerebro de su hermano, y en parte por sus propias frustraciones a la hora de encontrar un médico el fin de semana para un niño enfermo.

Discernir tu propia pasión quizás no suceda rápidamente. Tal vez tengas que buscarla, lo cual requiere examinar mucho tu alma, confiar en tus instintos, y hacerte muchas preguntas muy difíciles.

Para discernir cuál es tu pasión, piensa en tus propios valores y sueños. Pregúntate...

- ¿Qué me interesa realmente?
- ¿Qué me hace golpear la mesa con pasión?
- ¿Con qué sueño?
- ¿De dónde obtengo mi mayor realización?
- ¿Qué valores están obrando cuando sueño despierto?
- ¿Qué es lo que más me ha gustado de mi trabajo?

A muchos líderes esto les resulta algo muy incómodo al principio, porque están acostumbrados a manejar resultados claros y tangibles, mientras que estas deliberaciones pueden ser evasivas y difíciles de medir. Pero insiste en ello.

Cuando creas que has encontrado tu pasión, pregúntate si estás lo suficientemente apasionado como para quedarte en ella para el resto de tu carrera profesional. Si tu pasión es débil o temporal, considera tus motivos para avanzar en esa dirección, y si piensas que tu pasión superará la prueba del tiempo, es un buen indicador de que te diriges por el buen camino.

Además, tenemos que mantenernos en el trazado, lo cual exige conseguir algo de ayuda. Las personas no se dan cuenta de cuáles son sus pasiones por muchos motivos. A veces les falta una meta claramente definida, y no tienen forma de mantenerse motivados. Otras veces no dedican tiempo suficiente a su pasión.

Puede que no tengas una imagen clara de tu pasión, pero puedes aclararla haciendo el pequeño ejercicio de la página siguiente.

Una vez que des el paso, puedes comprometerte después a dar otro pequeño paso, y así sucesivamente. Asegúrate de encontrar a alguien a quién rendirle cuentas a la hora de realizar tu sueño. Necesitamos el apoyo de otros. Entonces darás los muchos pasitos necesarios para cumplir ese gran sueño.

Una vez que supe a dónde tenía que ir, a dónde me estaba dirigiendo mi pasión, volví a recobrar vida. Y creo que si tú has perdido tu pasión, una vez que veas que te diriges en la dirección correcta, tu propia pasión regresará.

"Da mucho miedo saltar de donde estoy a donde podría estar… [pero] debido a todo aquello en lo que me puedo convertir, ¡cerraré mis ojos y saltaré!".[23] —Mary Anne Radmacher

PASOS PARA DESCUBRIR TU PASIÓN

1. Escribe una breve descripción de tu sueño.

   _____
   _____
   _____
   _____

2. Escribe el primer paso que darás para cumplir tu sueño.

   _____
   _____
   _____
   _____

---

23. Usado con permiso.

3. Escribe una fecha en la que habrás terminado de dar el primer paso.

_____
_____
_____
_____
_____

4. Después, dale a alguien una copia de esta hoja, y pídele que te llame el día de la fecha para ver si has dado el primer paso.

_____
_____
_____
_____
_____

5. Si terminas el primer paso, llena otra copia de la hoja, y comprométete con el siguiente pasito.

_____
_____
_____
_____
_____

6. Si no terminas el primer paso, ¡cambia la fecha e inténtalo de nuevo!

_____
_____
_____
_____

PUNTOS DE ENSEÑANZA

1. Nuestras pasiones cambian en las distintas etapas de la vida. Es perfectamente normal que algo que antes te apasionaba se convierta ahora en algo que solo te interesa.

2. Ningún líder está exento de los cambios de pasión.

3. Pon a un líder visionario en un entorno operativo durante mucho tiempo, y se inquietará y aburrirá, y estará listo para otro cambio.

4. No hay nada malo en que un líder visionario ya no se emocione, y quiera avanzar una vez que la empresa ha comenzado a ir bien.

5. Navegar por el cambio de pasiones es más fácil cuando podemos admitir que las cosas han cambiado, reaccionar al buen descontento, y salir con una nota alta.

6. A muchos líderes les cuesta admitir que tienen un problema. Necesitan dedicar algo de tiempo, y prestar atención a sus sentimientos.

7. Los líderes buscan el buen descontento que les prepara para nuevos retos. Este buen descontento se muestra en sus ganas de querer lo mejor para sí mismos y para su organización.

8. Podemos salir con una buena nota al recordar que nos vamos para dar el siguiente paso en nuestra vida.

9. Hay poca dirección para los líderes en tiempos de transición, quienes se sienten perdidos cuando han alcanzado más de lo que habían imaginado nunca.

10. Descubrir una nueva pasión es un reto, y requiere buscar mucho en el interior, confiar en nuestros instintos, y hacernos preguntas difíciles.

11. Descubrir nuestra pasión conlleva descubrir nuestro camino y mantenernos en el trazado.

    a. Descubrir nuestro camino conlleva pensar en nuestros valores y sueños.

    b. Si pensamos que podemos quedarnos en lo que estamos considerando para el resto de nuestra carrera profesional, puede que nos estemos dirigiendo por el buen camino.

12. Las personas no reconocen sus pasiones porque les falta una meta claramente definida, no tienen forma

de mantenerse motivados, y no dedican tiempo a su pasión.

13. Estar en el trazado y reconocer nuestro sueño conlleva incluir a alguien más a quien le rindamos cuentas.

14. Una vez que demos un paso, podemos entonces comprometernos a dar otro pasito, y así sucesivamente, hasta que consigamos nuestros sueños.

15. Cuando veamos que vamos por la dirección correcta, nuestra pasión regresará.

NUEVAS PASIONES

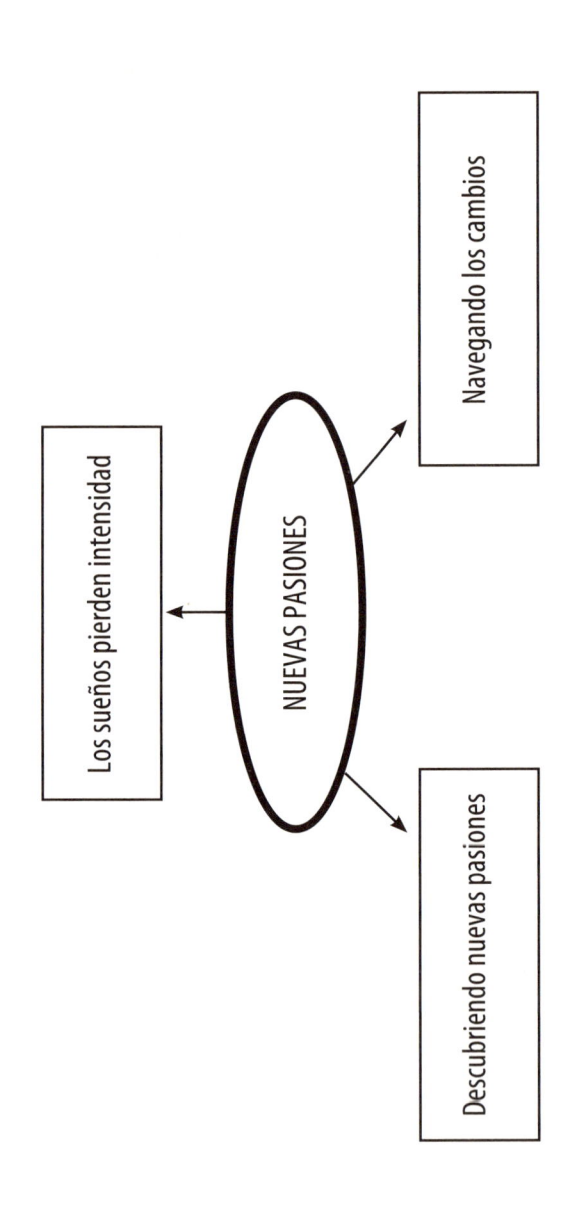

- Los sueños pierden intensidad
- Navegando los cambios
- Descubriendo nuevas pasiones

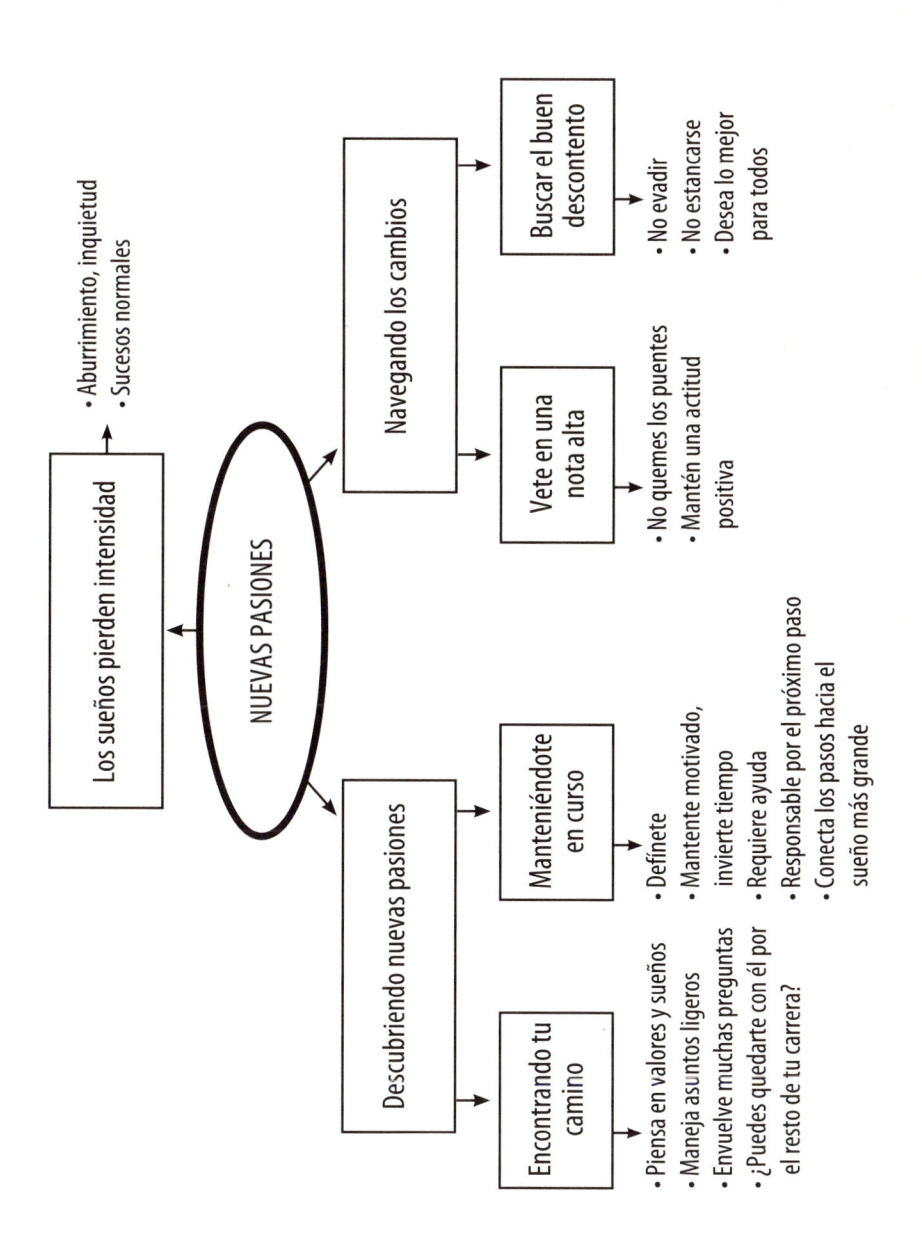

6: NUEVAS PASIONES   141

NUEVAS PASIONES

- Los sueños pierden intensidad
  - Aburrimiento, inquietud
  - Sucesos normales

Descubriendo nuevas pasiones

Encontrando tu camino
- Piensa en valores y sueños
- Maneja asuntos ligeros
- Envuelve muchas preguntas
- ¿Puedes quedarte con él por el resto de tu carrera?

Manteniéndote en curso
- Defínete
- Mantente motivado, invierte tiempo
- Requiere ayuda
- Responsable por el próximo paso
- Conecta los pasos hacia el sueño más grande

Navegando los cambios

Vete en una nota alta
- No quemes los puentes
- Mantén una actitud positiva

Buscar el buen descontento
- No evadir
- No estancarse
- Desea lo mejor para todos

7

NUEVA PREPARACIÓN

"Prevenido, armado; estar preparado es la mitad de la victoria". —Miguel de Cervantes

Inquieto por una conversación que no podía sacar de su mente, el pastor Jake Barrett no estaba progresando mucho en su sermón. Unas horas antes ese mismo día, había llamado a un amigo que pastoreaba en otra ciudad, y fue entonces cuando se enteró de que su amigo estaba muy preocupado por el inminente cierre de una base militar cercana, que provocaría que más de la mitad de las familias de la iglesia tuvieran que mudarse de allí. Jake había escuchado mientras el pastor, perplejo aún, hablaba sobre cómo afectaría esa pérdida al programa de construcción de la iglesia, a su escuela cristiana, y al futuro de la iglesia.

Al repasar su listado de membresía, Jake se preguntaba qué efecto tendría aquello sobre su propia congregación. ¿Estarían preparados si una o varias de las empresas más grandes de la zona decidieran llevar sus instalaciones a otro lado? ¿Qué ocurriría con las preocupaciones más inmediatas? ¿Estaba él preparando a los miembros de su iglesia para reemplazar a los diáconos y maestros de la escuela dominical que podrían irse de la zona al jubilarse? Mirando el calendario que tenía en su escritorio, se preguntaba cómo podría equiparse tanto él mismo como a otros para lidiar con cualquier cosa que el mañana pudiera deparar.

DEBEMOS HACER ALGO MÁS QUE PLANIFICAR; DEBEMOS PREPARAR.

Controlamos muy pocas cosas en nuestra vida. Para los líderes que valoran la planificación, esto puede ser especialmente difícil. No hace mucho, alguien podía desarrollar un plan estratégico, crear los procesos asociados, y estar bastante seguro del resultado. Ahora, debido al acelerado índice de cambio, debemos hacer algo más que planificar; debemos preparar.

Muchos líderes no entienden la diferencia entre planificación y preparación, y cometen el error de pensar que son palabras sinónimas, cuando no lo son. Planificar tiene un enfoque estrecho, mientras que la preparación tiene un enfoque mucho más amplio. Cuando *planificas*, desarrollas un método para lograr algún fin específico, y cuando *preparas* te alistas con antelación, te motivas o calientas para cualquier posibilidad.

Por ejemplo, si te sientes guiado al ministerio, probablemente te prepararás asistiendo a un instituto bíblico o seminario. Tomarás clases de griego y hebreo, y estudiarás el

Antiguo y el Nuevo Testamento para estar listo para lo que tendrás que hacer.

Digamos que pensaste en ser pastor, pero realmente no estás seguro. Un día, oíste una presentación sobre el trabajo que realiza una organización concreta, y de inmediato te das cuenta de que eso es lo que te sientes llamado a hacer; encaja contigo de muchas formas. Ahora que sabes lo que quieres hacer, que es trabajar con esa organización, comienzas la planificación tomando ciertos cursos e investigando cuál es el perfil que la organización busca para sus posibles empleados.

Ciertamente hay un tiempo de planificación, pero no podemos pasar por alto la importancia de la preparación. Proverbios nos recuerda: *"El corazón del hombre traza su rumbo, pero sus pasos los dirige el Señor"* (Proverbios 16:9). Al final, tenemos que estar listos para seguir la guía de Dios aunque eso signifique ir a algún lugar que no estaba en nuestros planes originales. Simplemente tenemos que estar preparados para cualquier cosa que llegue a nuestro camino.

Nuestro entorno laboral, competencia empresarial y el mundo entero están cambiando rápidamente, y ya no podemos suponer que las condiciones de hoy sean iguales mañana. Con demasiada rapidez, la tierra en la que estamos se convierte en

> **CONOZCO A DEMASIADAS ORGANIZACIONES CUYOS PAISAJES TERRESTRES HAN CAMBIADO, PERO NO DEJAN DE SEGUIR EL MISMO PLAN ESTRATÉGICO.**

un mar embravecido, y si queremos surfear con éxito ese mar, tenemos que estar preparados.

Conozco a demasiadas organizaciones cuyos paisajes terrestres han cambiado, pero no dejan de seguir el mismo plan estratégico. Ese es el resultado de una preparación inadecuada en muchos niveles. En vez de desarrollar nuestros planes estratégicos con una perspectiva de paisaje terrestre, debemos adoptar tanto el aspecto como el lenguaje del mar.

LA PREPARACIÓN DEL LÍDER

¿Cómo podemos prepararnos para lo que está por delante, para los inevitables cambios que encontraremos? ¿Y cuál es la mejor forma de preparar a las organizaciones a las que servimos?

Como líderes, debemos estar preparados en varias áreas. Así como un médico realiza revisiones rutinarias, nosotros debemos revisar regularmente nuestro grado de preparación en las siguientes áreas:

Preparación personal

Tenemos que examinar cómo nuestro carácter e impedimentos podrían afectar a futuros esfuerzos. Por ejemplo, si estás en ventas, nunca mejorarás hasta que seas un experto en el arte del parloteo. Tienes que estar cómodo con las conversaciones triviales: "Hola, ¿cómo estás?", "Cuéntame sobre tu familia". Una persona que vaya directo a hacer la venta de su artilugio no será tan eficaz como alguien que pueda establecer una buena conversación. Al margen de cuál sea tu campo profesional, tienes que pasar tiempo pensando en qué ajustes de carácter pueden ayudarte a estar preparado para el futuro. Hablaré de esta importante área de preparación con más detalle.

Preparación profesional

También tenemos que estar preparados en nuestra área de competencia profesional. Tenemos que adelantarnos en la curva. Si trabajas con computadoras,

> NO HAY SUSTITUTO PARA NUESTRA PREPARACIÓN PROFESIONAL.

por ejemplo, tendrás que estar informado de lo último en *hardware* y *software*. Si eres contable de impuestos, tendrás que estar familiarizado con los inminentes y más recientes cambios en las leyes. También deberíamos perseguir todas las certificaciones que pudiéramos necesitar en nuestro campo. Sencillamente no hay sustituto para nuestra preparación profesional.

Preparación relacional

Es importante ser conscientes de nuestra química con otros, o de cómo nos llevamos con las personas. ¿Nos sentimos cómodos conociendo a personas nuevas? ¿Hay ciertos tipos de personas con las que nos resulta difícil trabajar? ¿Manejamos y negociamos bien el conflicto? Al final, si no conectamos relacionalmente con alguien, puede que nos veamos limitados, y por eso es importante estar relacionalmente preparado.

Preparación familiar

Sencillamente no podemos ignorar la importancia de preparar a nuestra familia. A veces, esto puede ser bastante sencillo. Por ejemplo, preparar a mis hijos para mi cambio de trabajo supuso una simple explicación del trabajo que iba a hacer cuando dejé mi función en la universidad; no quería que ellos se preguntaran qué hacía su padre. Otras veces, la preparación puede que sea más compleja, como cuando tenemos que mudarnos. Tenemos que preparar a nuestra familia para las nuevas prioridades y dolores que afrontarán en un nuevo lugar.

Preparación financiera

Cuando era presidente de la universidad me pagaban muy bien, así que cuando comencé mi propio negocio de consultoría de liderazgo, tuve que prepararme para no tener un sueldo regular, ni beneficios ni vacaciones pagadas. Mi esposa y yo nos preparamos hablando sobre cómo organizar nuestras finanzas; nos preguntábamos qué gastos podríamos reducir. Si estás considerando cambios en tu organización, quizás tengas que hacer cambios similares en tu presupuesto. Aunque no tengas la información que necesitas para una planificación detallada, puedes hacer preparativos financieros para lo que podría llegar.

Preparación educativa

Muchas personas trabajan en áreas en las que no tienen una educación formal. Es raro encontrar a alguien que trabaje en la misma disciplina que estudió en la universidad. Yo no tengo ningún entrenamiento formal en consultoría de liderazgo, así que he tenido que educarme constantemente mediante las muchas formas que tenía disponibles, como asistir a seminarios, suscribirme a revistas, y leer libros. Tengo que asegurarme de que me estoy preparando educativamente para lo que viene por delante; en algunos aspectos me siento como un pionero innovador.

LA PREPARACIÓN PERSONAL DEL CARÁCTER

Cuando nos preparamos, sencillamente no podemos descuidar nuestro carácter. Puede que nos parezca intrascendente con respecto a ayudarnos a llegar a nuestro destino, pero si nos preparamos en esta área, descubriremos que nuestras probabilidades de cumplir nuestro destino son mucho mayores. Cada uno de los pasos son necesarios; no existen atajos a la hora de preparar nuestro carácter. En el orden dado, debemos controlar nuestros...

1. Pensamientos
2. Palabras
3. Decisiones
4. Acciones
5. Hábitos
6. Carácter
7. Destino

1. Pensamientos

Cada cosa que ves en el mundo hecha por el hombre comenzó con una idea. Tus dispositivos de iluminación, tu automóvil, la silla donde te sientas, el libro que estás leyendo... todo comenzó como un pensamiento. Debemos tener cuidado con aquello en lo que pensamos mucho. Si permitimos que el pensamiento negativo llene nuestra mente, ¡no entraremos en nuestro destino! Cuando la Biblia dice: *"Porque cual es su pensamiento en su corazón* [del hombre], *tal es él"* (Proverbios 23:7 RVR 1960), nos está diciendo que nuestros pensamientos moldean quienes somos; moldean nuestro destino. Todo comienza con un pensamiento, y esos pensamientos se expresan a través de nuestras palabras.

2. Palabras

Por lo general, verbalizamos nuestros pensamientos sobre nuestro destino, diciendo cosas como: "Me pregunto qué ocurriría si…". Es fácil imaginar a Wilbur y Orville Wright diciendo: "Me pregunto cómo sería si pudiéramos volar", o a Henry Ford diciendo: "Me pregunto cómo sería si pudiéramos producir automóviles en serie", o a Thomas Edison diciendo: "Me pregunto qué pasaría si pudiéramos llevar la luz a los hogares modernos". El libro de Génesis nos dice que nuestras palabras son poderosas. Fue la Palabra de Dios la que creó lo que ahora vemos a nuestro alrededor. Todo comenzó como un pensamiento en la mente de Dios, lo cual le llevó a decir: *"Hagamos al hombre a nuestra imagen"* (Génesis 1:26 RVR1960). Así como ocurre con nuestros pensamientos, también debemos controlar nuestras palabras.

3. Decisiones

Las palabras habladas conducen a las decisiones. Quizás le digas a alguien: "Esto es lo que voy a hacer". Deberíamos decidir hacer las cosas que nos ayuden a cumplir nuestro destino, no a paralizarlo. Y las decisiones conducen a las acciones.

4. Acciones

Las personas tienden a creer que pueden comenzar su viaje pasando primero a la acción. Por ejemplo, si quieren perder peso, inmediatamente comienzan a hacer algo al respecto pero, por desgracia, pasar en seguida a la modificación de la conducta no es el lugar apropiado de inicio. Las estadísticas demuestran que el 80 por ciento de las personas que pierden peso lo vuelven a recuperar. Las decisiones sin pensamientos, palabras y decisiones previas no tienen un cimiento fuerte para el éxito.

Por ejemplo, la pérdida de peso exitosa comienza en tus pensamientos. Puede que implique pensar en cómo te ha afectado tener sobrepeso, y después quizás te empieces a decir a ti, a tu familia y a tus amigos: "Tengo que perder peso. Creo que voy a ponerme a dieta y a hacer ejercicio". Después tomas las decisiones sobre los cambios prácticos que vas a hacer, como los alimentos que vas a comer y los ejercicios que vas a hacer. No hay nada de malo en emprender la acción, pero si quieres tener éxito no puedes ignorar la importancia de tus pensamientos, palabras y decisiones.

5. Hábitos

Cuando continúas con la misma acción durante mucho tiempo, se convierte en un hábito. Todos conocemos a personas que llegan tarde por sistema; no es algo que ocurre ocasionalmente, sino que lo hacen constantemente. Proviene de un pensamiento y charla perezosos, y una falta de buenas decisiones y subsiguientes acciones. Todas estas conductas fundamentales son importantes porque crean hábitos, y nuestros hábitos son lo que crean nuestro carácter.

6. Carácter

Nuestro carácter es la suma de nuestros hábitos. Cuando Aristóteles escribió: "Somos lo que hacemos repetidamente", dejó claro que hay una conexión directa entre quienes somos y lo que hacemos. Subrayó esto diciendo: "La excelencia, por lo tanto, no es un acto, sino un hábito". Un hábito que se realiza durante mucho tiempo se convierte en parte de tu carácter. Si conoces a personas que siempre llegan tarde, sabes que es difícil esperar de ellos una conducta distinta, pues su hábito se ha convertido en parte de quienes son; ha moldeado su carácter.

7. Destino

Finalmente, tu carácter te llevará a tu destino. No hay atajos para el éxito, no hay caminos fáciles que te lleven hasta él. Todos quieren que se cumpla su destino, pero no todos quieren dar los pasos que les llevarán hasta él.

Conocer tu destino exige pensamientos y acciones deliberadas. Tienes que guardar y entrenar continuamente tus pensamientos, porque aquello a lo que le das vueltas es lo que realizarás. (Ver Proverbios 4:23; 2 Corintios 10:5). Primero debes estar preparado antes de poder alcanzar tu destino. Todo lo que piensas, dices y haces debe ser congruente con ello, y si no lo es, ¡no estarás preparado para ir donde quieres ir!

LAS RECOMPENSAS DE LA PREPARACIÓN

Seamos sinceros. A pesar de nuestra investigación, estrategias y planes, pueden suceder muchas cosas no planeadas. Aunque quizás no podamos controlar esas cosas, podemos controlar lo preparados que estamos. Los líderes preparados pueden marcar una gran diferencia.

Las oportunidades les llegan a quienes están preparados. Cuando estamos preparados, reconocemos las oportunidades correctas cuando se cruzan en nuestro

"LAS OPORTUNIDADES NUNCA SE POSPONEN; SE PIERDEN PARA SIEMPRE".

camino, pero cuando no estamos preparados, no vemos ni aprovechamos esas oportunidades. Como dijo alguien una vez: "Las oportunidades nunca se posponen; se pierden para siempre". Y Leonard Ravenhill dijo una vez: "La oportunidad de toda una vida se debe aprovechar en la vida de la oportunidad".

Estar preparado también aporta confianza. Es como el proverbio chino: "Cuando el alumno esté preparado, aparecerá el maestro". Cuando estés preparado, estarás listo para la oportunidad correcta. El peligro de la falta de preparación es que nosotros...

- No vemos las oportunidades obvias.
- No podemos movilizarnos lo suficientemente rápido como para aprovechar la nueva oportunidad.
- No atraemos a los socios apropiados.

Por otra parte, estar preparado allanará el camino al éxito, el cual es simplemente la intersección de la preparación y la oportunidad.

> **EL ÉXITO ES SIMPLEMENTE LA INTERSECCIÓN DE NUESTRA PREPARACIÓN Y NUESTRA OPORTUNIDAD.**

No hay mejor ejemplo de los beneficios de la preparación que la expedición de Lewis y Clark. Ellos eran líderes ante desafíos desconocidos, a punto de viajar hacia un entorno salvaje y hostil, y que no podían conocer lo que les esperaba a la vuelta de cada esquina.

Sus mapas eran muy limitados. Meriwether Lewis, que había planeado la expedición, tenía poca información más allá del valle de Ohio, y para empeorar aún más las cosas no podían enviar exploradores más allá del Mississippi para recabar información debido a los hostiles ejércitos francés y español. No podían planificar porque había muchas cosas fuera de su control, pero tenían que estar preparados para los ataques de los indios, para quedarse sin víveres y para otras dificultades.

¿Cómo transformaron lo que parecía una misión suicida en una expedición de éxito, una que aún se enseña y celebra doscientos años después? Su éxito se acreditó a la preparación de Lewis: "Fueron sus meticulosos preparativos, no un grandioso sentimiento de aventura, lo que finalmente aseguró que la expedición consiguiera todo lo que se había propuesto hacer y más".[24]

Podemos aprender mucho del ejemplo de liderazgo de Lewis y Clark. Nuestro viaje quizás no sea tan histórico, pero nuestro entorno a veces parece igual de salvaje, ¿no es así? ¿Podemos permitirnos estar menos preparados? ¿Cómo nos estamos preparando para el mañana mientras damos pasos para cumplir nuestro destino?

PUNTOS DE ENSEÑANZA

1. Hoy día, la planificación es difícil debido al índice acelerado de cambio. Por eso debemos estar preparados.

2. Planificar conlleva desarrollar métodos para lograr un resultado específico. La preparación es más amplia en alcance, y conlleva mentalizarnos y disponernos para cualquier posibilidad.

3. No podemos suponer que las condiciones de hoy seguirán siendo iguales mañana. Debemos estar

---

24. Lt. Col. Mark J. Reardon, "With Resolute and Thorough Planning: Captain Meriwehter Lewis's Preparations for the Journey to the Pacific Ocean", Centro de historia militar de USA, http://www.history.army.mil/lc/The%20Mission/planning_and_preparation.htm.

preparados para todo lo que pueda salir a nuestro encuentro.

4. Como líderes, debemos seguir varios tipos de preparación, incluyendo:

   a. *Preparación personal* que conlleva examinar cómo nuestro carácter e impedimentos podrían afectar a nuestros esfuerzos futuros.

   b. *Preparación profesional* que conlleva mantenernos actualizados en el área de nuestra competencia profesional.

   c. *Preparación relacional* que conlleva ser conscientes de nuestra química y nuestra capacidad para llevarnos bien con todo tipo de personas.

   d. *Preparación familiar* que conlleva preparar a los que amamos para cualquier cosa que tengan que afrontar.

   e. *Preparación financiera* que conlleva organizar nuestros ingresos y gastos para el futuro.

   f. *Preparación educativa* que conlleva estar actualizados en nuestra área de experiencia, lo cual puede requerir leer, juntarse con asociaciones profesionales y asistir a seminarios.

5. Los líderes preparados reconocen las nuevas oportunidades que llegan a su encuentro.

6. La preparación nos guarda de convertirnos en oportunistas.

7. Allanamos el camino hacia el éxito al estar preparados, ya que el éxito es simplemente la intersección de la preparación y la oportunidad.

NUEVA PREPARACIÓN

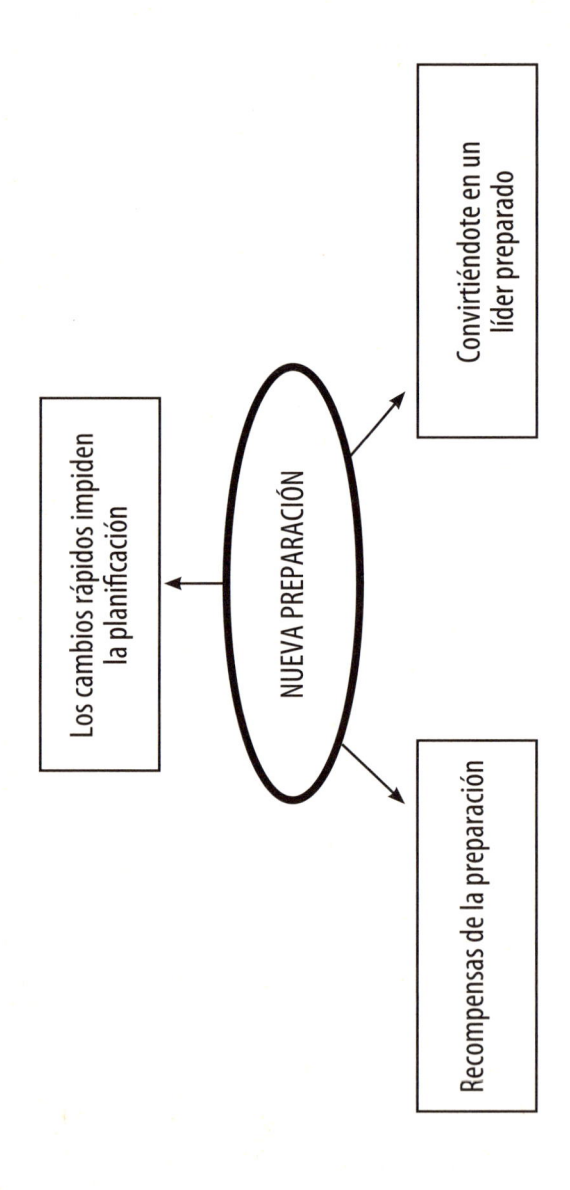

- Los cambios rápidos impiden la planificación
- Convirtiéndote en un líder preparado
- Recompensas de la preparación

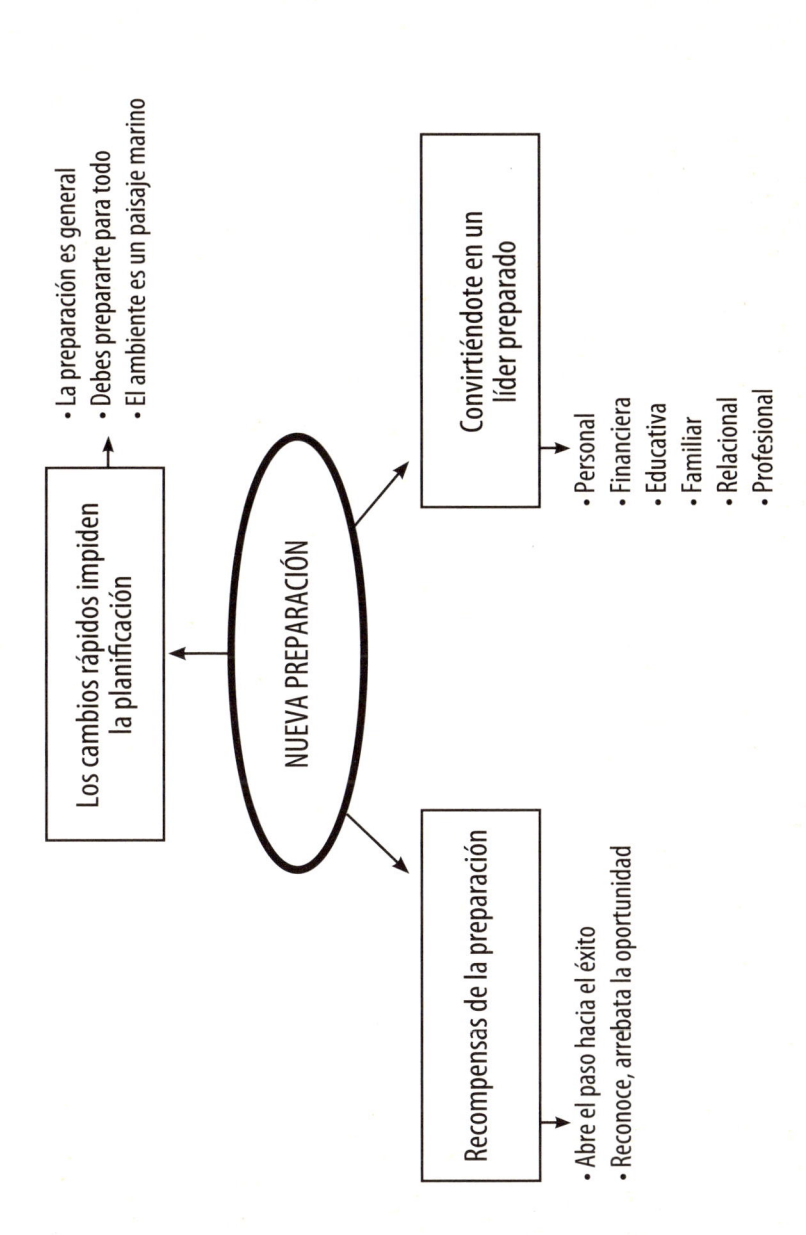

7: NUEVA PREPARACIÓN

NUEVA PREPARACIÓN

- Los cambios rápidos impiden la planificación
  - La preparación es general
  - Debes prepararte para todo
  - El ambiente es un paisaje marino

- Convirtiéndote en un líder preparado
  - Personal
  - Financiera
  - Educativa
  - Familiar
  - Relacional
  - Profesional

- Recompensas de la preparación
  - Abre el paso hacia el éxito
  - Reconoce, arrebata la oportunidad

8

NUEVAS POSIBILIDADES

"El futuro no es el resultado de elecciones entre caminos alternativos que nos ofrece el presente, sino un lugar creado primero en la mente y en la voluntad, y creado después en la actividad".[25] —John H. Schaar

¿Alguna vez has pensado qué hace que tu destino sea tan atractivo? ¿Te preguntas exactamente qué es lo que te hace seguir avanzando? ¿Alguna vez has pensado por qué la música de tu destino te atrae? Tu destino es atractivo simplemente porque es un lugar rebosante de nuevas posibilidades. Es un cuadro de un futuro que está lleno de esperanza, y no es cualquier futuro; es *tu* futuro.

Muchas páginas de este libro describen los varios retos que encontrarás en tu viaje hacia cumplir tu destino. Aunque todos los retos son difíciles, no son el final de nuestra

---

25. John H. Schaar, *Legitimacy in the Modern State* (New Brunswick, NJ: Transaction Publishers, 1981, 1989), p. 321.

historia. El otro lado es que cada vez que respondes a un reto, abres la puerta a nuevas posibilidades en tu vida y en tu organización. Mientras subes la escalera hacia tu destino, serás transformado.

> **NO ES CUALQUIER FUTURO; ES TU FUTURO.**

No esperes que suceda de repente ni tan siquiera que se note durante algún tiempo. Gradualmente, descubrirás que has abandonado ciertas características y rasgos a favor de otros más nuevos y más fuertes. Como líder transformado por tu viaje, te verás empoderado para infundir esta nueva vida en tu organización.

RASGOS DE LOS LÍDERES TRANSFORMADOS

John H. Schaar describió el futuro como "un lugar creado primero en la mente y en la voluntad, y creado después en la actividad". Nuestro destino, o nuestro futuro, es ciertamente un lugar que creamos; y por el camino, nuestro viaje transforma nuestras actitudes, pensamientos y compromisos.

En particular, he descubierto que los líderes que viajan hacia su destino tienden a tener:

- *Actitudes alteradas.* Los retos que afrontan los líderes pueden producir una disposición a aceptar el cambio, una asombrosa adaptabilidad a situaciones inesperadas, y un corazón que es cada vez más sensible a otros.

- *Pensamiento transformado.* Las situaciones que viven los líderes crean en ellos un hambre intelectual que produce aprendices de por vida, y líderes creativos que están actualizados con respecto a las últimas tecnologías.

- *Compromisos poco comunes.* Los líderes en su viaje hacia su destino también desarrollan una pasión por comunicar, y son hábiles en movilizar a las organizaciones para el futuro.

Actitudes alteradas

Los líderes poseen el rasgo de la preparación para el cambio, tendiendo mucho más a aceptar el cambio que a resistirlo, lo cual puede producir muchas ganancias.

Piensa en lo mucho más que podrías lograr controlando menos y confiando más en otros. Piensa en la libertad que tendrás siendo más consciente de tu propia necesidad de cambio, así como de los obstáculos que podrían detenerte para que no hicieras los cambios necesarios.

La preparación para el cambio también hace que los líderes defiendan más el cambio dentro de su organización, personas que son capaces de promover el cambio, y ayudar a otros a lidiar con la pérdida. También ayudan a su organización a que sea un líder en el cambio, una fuerza motriz que se mueve más rápido, y se adelanta al resto con una actitud de poder hacerlo.

Cuando amenazan circunstancias no anticipadas, los líderes transformados no se vuelven rígidos, demandantes ni controladores. Su adaptabilidad les permite no hundirse por lo inesperado. Por el contrario, viajan con fluidez por la corriente de la realidad, haciendo ajustes y redirigiendo lo que sea necesario para seguir en su rumbo. Como los artistas del trapecio, han aprendido a moverse valientemente, y a confiar en sus instintos. Nunca parecen perder su impulso hacia delante.

> CUANDO AMENAZAN CIRCUNSTANCIAS NO ANTICIPADAS, LOS LÍDERES TRANSFORMADOS NO SE VUELVEN RÍGIDOS, DEMANDANTES NI CONTROLADORES.

Además, los líderes transformados no arrollan a otros al avanzar. Su rara sensibilidad les hace ser inclusivos en vez de exclusivos. No juegan a los favoritos; han aprendido a celebrar las diferencias culturales, así como a honrar la fuerza complementaria que Dios depositó en ambos géneros, empleando competentemente esta sinergia en el lugar de trabajo.

Esta sensibilidad se extiende incluso a otras generaciones. Intentan unir la brecha generacional, que ya no tiene que ver con el sexo, las drogas y el *rock and roll*, sino con la tecnología. Los líderes transformados entienden estos asuntos, y buscan proactivamente formas de ampliar su círculo para dar la bienvenida a los pertenecientes a las generaciones de los *Baby Boomers, Gen Xers y Millenials*.

Pensamiento transformado

Los líderes transformados también se caracterizan por el pensamiento transformado. Su curiosidad se ve estimulada por situaciones cada vez más desafiantes, y son amantes y defensores del aprendizaje de por vida. Leen mucho, investigan fuera de sus propias disciplinas, e inquieren de otros con preguntas perspicaces. Son exploradores inquisitivos del mundo que les rodea, y siempre están animando a otros a extender sus propios límites.

Los líderes transformados han interiorizado la frase de Don Herold: "Son necesarias muchas cosas para demostrar que eres inteligente, pero solo una cosa para demostrar que eres ignorante". Ellos saben que la frase "conocimiento es poder" es más cierta hoy que nunca. Reconocen que la información es la nueva moneda, y que este capital intelectual se multiplica cuando intercambian conocimiento. Verás que están dispuestos a compartir lo que saben. Se han dado cuenta de que la innovación, tanto en velocidad como en calidad, es éxito, así que invierten en vez de acopiar su moneda.

Son el tipo de persona que quiere invertir una hora al día en el estudio independiente. ¿Por qué? Porque se han dado cuenta de que al programar un tiempo para estudiar, incluso la persona promedio puede convertirse en un experto en un plazo de tres a cinco años, y esa posibilidad les emociona.

Pregúntales por su mayor placer en la vida, y te hablarán de su amor por lograr lo que otros dicen que no se puede hacer. ¿Cómo? Bueno, todo comienza con su pensamiento:

- *Pensamiento estratégico.* Los líderes transformados saben que una visión sin una estrategia es solo un sueño, y ellos no pueden ser estratégicos si sus esfuerzos carecen de contexto. Ellos elogiarán un enfoque de sistemas mientras trabajan a la vez con mucho empeño para impedir que esos esfuerzos se compliquen en exceso. Reconocen sabiamente que la simplicidad es una ventaja competitiva.

> UNA VISIÓN SIN UNA ESTRATEGIA ES SOLO UN SUEÑO.

- *Pensamiento de genio.* A pesar de sus apretadas agendas y cargas de trabajo masivas, los líderes pueden detectar rápidamente las oportunidades de conexiones y posibilidades que otros no ven. Eso es lo que les hace ser líderes. Son pioneros de formas nuevas de pensar, y demuestran su genialidad viendo más allá de las cosas, así como viendo completadas las cosas.

- *Pensamiento oblicuo.* En vez de tener mentalidad de escoger entre dos cosas, los líderes transformados tienen mentalidades de ambas cosas. Sus pensamientos van más allá de sus límites horizontales y verticales; su realidad es más bien de tipo angular. Esta orientación ilumina una gran variedad de posibilidades en lo que otros podrían considerar como algo imposible.

Los líderes transformados no se parecen a los ejecutivos de una prominente empresa de telecomunicaciones que casi tuvo que ser forzada a comenzar a usar computadoras. Por el contrario, los líderes transformados se caracterizan por la *tecnofilia*: la disposición a aceptar las nuevas tecnologías. Entienden los aspectos técnicos inherentes incluso de las actividades organizativas más comunes: cómo te saluda un acomodador, cómo se recaudan fondos, cómo se prepara una presentación para una inminente reunión de la junta. Saben que información es poder, así que aprovechan la tecnología de la información para enviar y recibir noticias, mensajes y cosas similares.

Los líderes eclesiales transformados pueden recordar amablemente a sus críticos que la Reforma se produjo por el uso que la iglesia hizo de la imprenta. No deberían ser tímidos en cuanto a adoptar la tecnología empresarial para mejorar su eficacia y eficiencia, o para medir los resultados.

Compromisos poco frecuentes

Los líderes transformados son muy conscientes de la necesidad de comunicación entre generaciones, entre culturas, entre el pequeño globo en el que habitamos, y están comprometidos a fortalecer la comunicación y el entendimiento entre ellos.

Entienden que incluso los términos más familiares se pueden malentender. Algunos *Baby Boomers* quizás interpreten la pregunta tipo "¿Por qué?" como una irrespetuosa afrenta a la autoridad, pero los líderes transformados reconocen una búsqueda sincera de información cuando la ven.

Ellos creen firmemente que la comunicación intercultural no es un curso de estudio limitado para los que viajan o trabajan en el extranjero. Ven a los residentes del mundo diariamente en sus propias iglesias, organizaciones y vecindarios.

> **LOS LÍDERES TRANSFORMADOS SON EXPERTOS EN EL "FUTURO".**

Más importante aún, los líderes transformados son expertos en el "futuro". Pronostican tendencias escaneando el horizonte, visualizando claramente futuros escenarios. Mientras que otros están encerrados en el pasado o el presente, ellos crean activamente el futuro mediante sus decisiones y acciones. Verás que se preguntan cómo será el mundo cuando la actual cosecha de primero de primaria se gradúe de secundaria. Ellos enfocan intencionalmente partes de sus reuniones de liderazgo en la demografía, en realidades económicas y competitivas a las que tu organización se enfrentará dentro de cinco años.

Y son capaces de equipar a su organización para crear su propio futuro deseado. Como los guías Sherpas, ellos guían a otros por la montaña para captar una visión del éxito futuro de la organización. Y una vez que han guiado a sus socios a este inspirador estado futuro, los dirigen hábilmente para desarrollar y usar las habilidades y perspectivas que transformarán su visión en una realidad.

ABRIR UNA RIQUEZA DE POSIBILIDADES

Los líderes que están dispuestos a pensar y actuar de esta forma no tienen escasez de nuevas posibilidades; de hecho, las nuevas posibilidades se convierte en algo natural, cosas que les ocurren todos los días. Hay un futuro de oportunidad sin límite, crecimiento abundante y recursos sin igual.

Sin embargo, enfocarse en nuevas posibilidades no les exime de experimentar también su parte de tiempos austeros y circunstancias difíciles. Sus lentes de color de rosa no les hacen declarar de forma mágica que todos los vasos están medio llenos.

Por el contrario, los líderes con perspectivas ampliadas y transformadas se enfocan en nuevas posibilidades a pesar de sus circunstancias. Mientras suben por la escalera hasta el destino que Dios les ha dado, mantienen sus ojos en el horizonte, y en esa altitud son los primeros en ver el amanecer, los primeros en percibir las nuevas posibilidades que pueden emerger de cualquiera y de todas las situaciones.

> **NUEVAS POSIBILIDADES PUEDEN EMERGER DE CUALQUIERA Y DE TODAS LAS SITUACIONES.**

Puedes ver así, líder, que las nuevas posibilidades pueden convertirse en marcadores que iluminan el camino hacia tu destino. ¡Cada nueva posibilidad es evidencia de que te estás acercando cada vez más a tu destino deseado!

PUNTOS DE ENSEÑANZA

1. Los líderes que suben por la escalera hacia su destino son transformados por su viaje.

2. Experimentan actitudes alteradas, pensamiento transformado y compromisos poco comunes.

   a. Actitudes alteradas

      i. Los líderes tienen una preparación para el cambio que les permite aceptar voluntariamente el cambio, produciendo grandes ganancias.

      ii. Los líderes son adaptables. No se desequilibran ante las circunstancias no anticipadas.

      iii. Los líderes son sensibles a otros, celebrando las diferencias y honrando las habilidades complementarias en ambos géneros. Son inclusivos en vez de exclusivos.

   b. Pensamiento transformado

      i. Los líderes son aprendices de por vida. Reconocen que la información es la nueva moneda, y que este capital intelectual se multiplica a medida que se intercambia conocimiento.

      ii. Los líderes son creativos, logrando lo que otros dicen que es imposible al pensar estratégicamente, detectar posibilidades que otros no ven, y aceptar mentalidades de tipo "ambas cosas".

      iii. Caracterizados por la tecnofilia, los líderes aceptan voluntariamente la tecnología, usándola para medir resultados y mejorar la efectividad.

   c. Compromisos poco frecuentes

       i. Los líderes son conscientes de la necesidad de extender la comunicación a generaciones, culturas, y por todo el planeta.

      ii. Los líderes son expertos en el "futuro", pronosticando tendencias y escenarios futuros, y creando el futuro mediante las decisiones del presente.

3. Los líderes que piensan y actúan de estas maneras no tienen escasez de nuevas posibilidades.

4. Reconocen que nuevas posibilidades pueden emerger de cualquiera y de todas las situaciones.

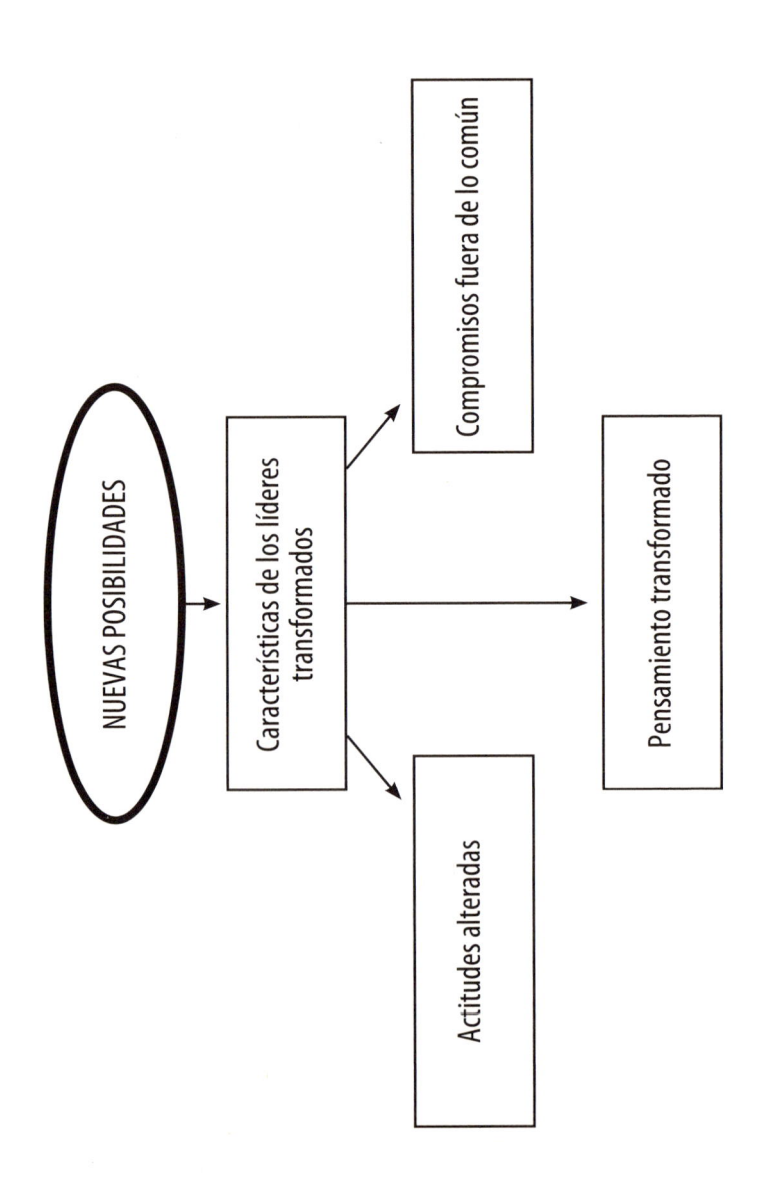

```
NUEVAS POSIBILIDADES → Características de los líderes transformados
                                        ↗ Compromisos fuera de lo común
                                        → Pensamiento transformado
                                        ↘ Actitudes alteradas
```

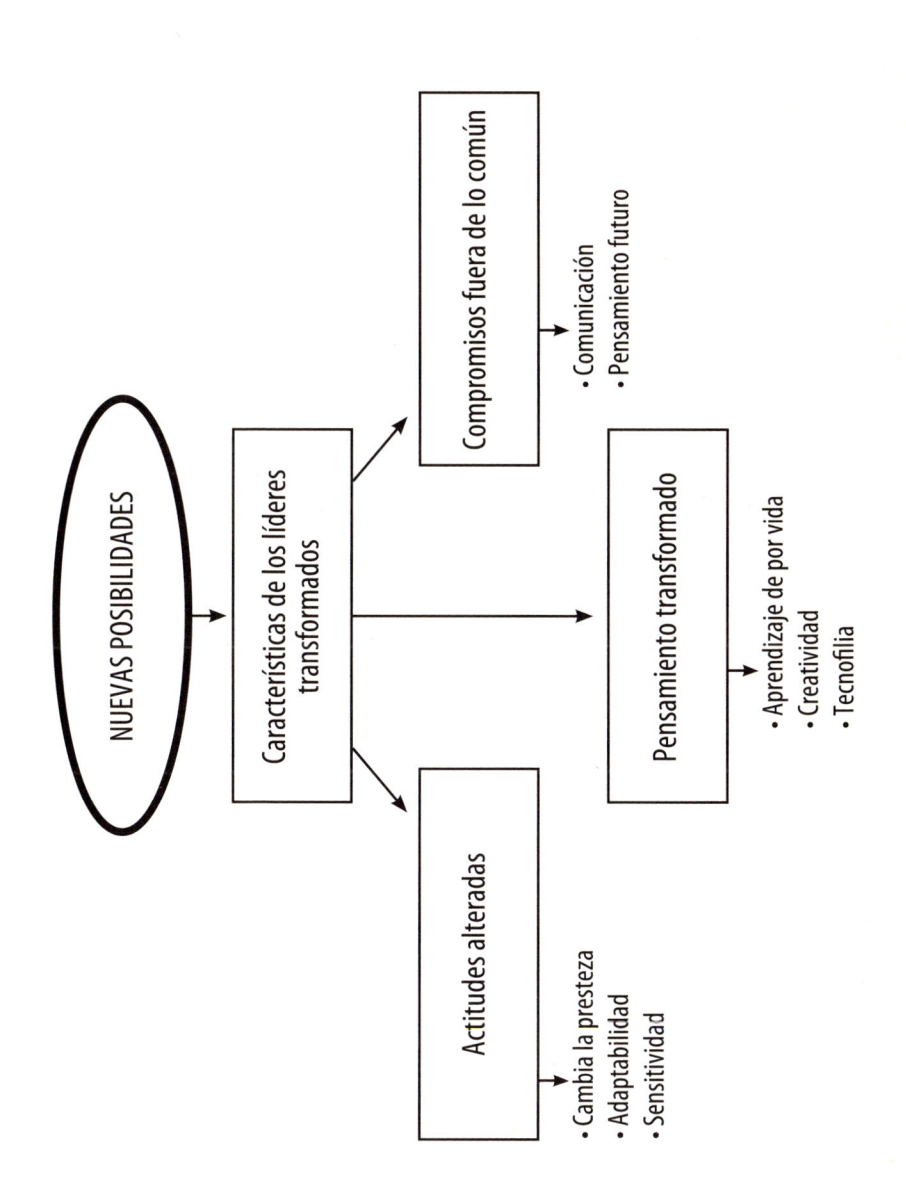

8: NUEVAS POSIBILIDADES 173

NUEVAS POSIBILIDADES → Características de los líderes transformados

- Compromisos fuera de lo común
  - Comunicación
  - Pensamiento futuro

- Pensamiento transformado
  - Aprendizaje de por vida
  - Creatividad
  - Tecnofilia

- Actitudes alteradas
  - Cambia la presteza
  - Adaptabilidad
  - Sensitividad

ACERCA DEL AUTOR

En el 1973, ¿quién hubiera pensado que Sam Chand, quien servía en el Instituto Bíblico Beulah Heights como conserje, cocinero y fregaplatos, regresaría a la misma universidad en el 1989 como el Presidente Samuel Chand? Bajo su liderazgo, Beulah Heights se convirtió en el instituto bíblico predominantemente afro-americano más grande de la nación. Hoy día, el Dr. Sam Chand es un ex pastor, ex presidente universitario y ex rector, que ahora es presidente emérito de la Universidad Beulah Heights. En esta temporada de su vida, el Dr. Sam Chand está enfocado en el desarrollo de liderazgo. La singular visión de su vida es "Ayudar a otros a tener éxito". El Dr. Chand desarrolla líderes a través de:

- Consultas de liderazgo
- Recursos de liderazgo (libros, CDs, DVDs)
- Conferencias de liderazgo
- Coaching de Liberador de Sueños
- Publicaciones de Liberador de Sueños

Haber crecido en el hogar de un pastor en India equipó al Dr. Sam Chand de una manera única para compartir su pasión: mentorear, desarrollar e inspirar líderes a exceder todos los límites, tanto en el ministerio como en el mercado secular.

Como Liberador de Sueños, sirve como Arquitecto de Liderazgo y Estratega del Cambio a pastores, ministerios y empresas. El Dr. Chand es orador en conferencias de liderazgo, iglesias, corporaciones, conferencias ministeriales, seminarios, y otras oportunidades de desarrollo de liderazgo.

En adición a esto, el Dr. Chand…

+ Es consultor de liderazgo en iglesias grandes y empresas.

+ Fue nombrado en la lista de los 30 principales Gurús del Liderazgo Global.

+ Es fundador y presidente de Dream Releaser Coaching y Dream Releaser Publishing.

+ Conduce conferencias de liderazgo en toda la nación.

+ Sirve en la Junta de la Universidad Buelah Heights.

+ Sirve en la Junta de Asesores de EQUIP (ministerio del Dr. John Maxwell), que equipa a cinco millones de líderes alrededor del mundo.

Líderes en todo el mundo usan los libros del Dr. Chand como libros de texto de desarrollo del liderazgo. Sus libros incluyen *8 Pasos para Alcanzar Tu Destino*, *¿Quién Sostiene tu Escalera?*, y *¿Qué Mueve tu Escalera?* en español; en inglés, *Leadership Pain, Cracking Your Church's Culture Code, Futuring, Who Moved Your Ladder?, Ladder Focus, Planning*

Your Succession, Failure: The Womb of Success, y *Weathering the Storm.*

El Dr. Chand posee un doctorado honorario en Letras y Humanidades de la Universidad Beulah Heights; un doctorado honorario en Divinidad de Heritage Bible College; una Maestría en Artes en Consejería Bíblica de Grace Theological Seminary; y un Bachillerato en Artes en Educación Bíblica de la Universidad Beulah Heights.

El Dr. Chand comparte su vida y su amor con su esposa, Brenda; sus hijas, Rachel y Deborah; su yerno, Zack; y sus nietas, Adeline y Rose.

Para más información, favor de contactar:

Samuel R. Chand Consulting, Inc.
950 Eagles Landing Parkway, Suite 295
Stockbridge, GA 30281 USA
www.samchand.com